もう失敗しない！
米粉の教科書

栁田かおり

はじめに

小麦アレルギーがあった甥のために、苦手だったスイーツやパン作りに着手。さまざまな米粉の特徴を学び、失敗しないコツを見出し、検証を重ねた結果、「もう失敗しない！」と言いきれる米粉のレシピが生まれました。

私が米粉に出合ったきっかけ。それは、甥っ子の小麦、乳製品、卵アレルギーでした。日々、息子のために代替食をがんばって作っている義妹を見て「何かお手伝いしたいなぁ」という思いからです。けれども、一緒に暮らしているわけではないから、毎日の食事のお手伝いをすることができない。それなら、小麦を使わないおやつを作ってあげよう！ それが、私が米粉へ情熱を傾けるきっかけとなりました。

今ではある程度名前も知られている米粉ですが、私が米粉と出合った頃は、まだ認知度が低く、米粉といえば上新粉、という時代でした。もちろん、スーパーで米粉を販売しているお店はほとんどありません。それでも安心して食べられるおやつを作りたくて、上新粉を手に入れ、クッキーとアップルケーキを作りました。はじめて作ったクッキーとアップルケーキは、見た目こそおいしそうに見えるものの、ちょっと不安の残る代物。

「かおりちゃん、これすごくおいしいね」と甥っ子が言ってくれたので一口食べてみると……。クッキーは、歯固めのように固く、アップルケーキはねっとりしていて、とてもケーキと言える代物ではありませんでした。
でも、甥っ子はおいしい！ と嬉しそう。その姿を見て、甥っ子に対して申し訳ない気持ちと、この子の味覚がおかしくなってしまう！ という感情が湧き出てきました。そのときから、私の米粉の研究がはじまったのです。

クッキーは、サックリと食べやすく。
ケーキは、ふんわりと軽く。

まだ手に入れるのが困難だった製菓用米粉を探し求めたり、上新粉でもふんわり軽く仕上がるように工夫したり。今では想像できないくらい多くの失敗を重ね、そのデータをすべてノートに書きだし、検証していきました。その結果、米粉に対するさまざまな事がわかってきたのです。
そのＡ４ノート数冊分のデータを基に作ったのが「失敗しない!!米粉スイーツ作り講座」「失敗しない!!米粉パン作り講座」（現：「失敗しない!!米粉スイーツ＆パンの基礎講座　ジュニ

ア米粉コンシェルジュ　ディプロマコース」）です。
私自身、実は、スイーツ作りやパン作りはあまり興味がなく、はっきり言って苦手な部類でした。そんな私が試行錯誤を重ね、失敗なくおいしい米粉スイーツやパンを作れるようになったのです。もし、世の中に私と同じように失敗して困っている方がいるなら、その理論やコツをお届けしたい……。講座は、そんなきっかけが原点です。

私は普段、東京・大阪で米粉講座を開催しています。けれども遠方で教室に来られない方も多くいらっしゃいます。これらの理論やコツ、知恵をお届けするには、本を出版するのが良いのではないか。そんな思いつきから、この本は生まれました。
本書のタイトルを「もう失敗しない！　米粉の教科書」としたのも、普段、私が米粉を使った料理を作って失敗したとき、参考書的なものがあれば、という思いからです。

本書では「卵・乳製品フリー」「卵・乳製品あり」「卵フリー」「卵あり」のレシピを記載しています。米粉初心者で卵アレルギーのない方は、「卵・乳製品あり」「卵あり」のレシピからぜひお試しください。卵が入ることにより、小麦粉を使ったスイーツと変わらないお菓子に仕上がります。そして慣れてきたら、「卵・乳製品フリー」「卵フリー」のレシピを試してみましょう。こちらのレシピは若干コツが必要ですが、米粉の扱いに慣れると、小麦粉より簡単なことに気づくはずです。

米粉初心者で卵・乳製品アレルギーのある方は、はじめから「卵・乳製品フリー」「卵フリー」のレシピで作ってください。ポイントをじっくり読んでから作ると、失敗は少ないはずです。当協会の米粉講座にはじめて来られる方の中には、「米粉のクッキーは固く、ケーキやパンはもっちりしているのが当たり前」と思われている方が少なくありません。けれども講座が終了した頃には、「米粉でこんなにサックサクのクッキーが作れるなんて！」「軽くてふわふわ食感のケーキやパンが米粉でできるなんて！」と口をそろえる方ばかりです。

本書を手にとってくださったみなさまに"米粉の本当のおいしさ"が届きますことを願っております。

　　　　　　　一般社団法人米粉コンシェルジュ協会　栁田かおり

冒頭に出てきた甥っ子の小麦・卵アレルギーですが、10年経った今ではすっかりよくなり、普通に食べられるようになりました。でも、今でも「僕はお店で買う小麦のケーキも好きだけど、かおりちゃんが作る米粉のケーキやパンが一番好き！」と言ってくれます。まだまだ、米粉との付き合いは長くなりそうです(笑)。

はじめに……2
米粉のこと……10
材料のこと……14

もう失敗しない！
米粉の教科書
Contents

Chapter ❶ 米粉クッキー

卵・乳製品フリー
- 基本の米粉クッキー……18
- 抹茶のマーブルクッキー……20
- ココアのマーブルクッキー……20
- さくさくココナッツクッキー……21
- 大人のシナモンクッキー……21
- ほんのり和風な白みそごまクッキー……22
- トマトプリッツ……22
- さくほろスノーボール……23

卵・乳製品あり
- バター香る米粉のアイスボックスクッキー……24
- 米粉のラングドシャ……24

Chapter ❷ 米粉パウンドケーキ＆マフィン

卵・乳製品フリー
- 基本の米粉パウンドケーキ……28
- 大人のブランデー米粉ケーキ……30
- バナナチョコチップマフィン……31
- オレンジチョコマフィン……32
- オレンジティーのアップサイドダウンケーキ……33

卵・乳製品あり
- ふっくら卵のパウンドケーキ……34
- 米粉のマドレーヌ……35
- 枝豆とチーズのお食事系米粉マフィン……36
- ガトーショコラ……36

Chapter ❸ 米粉パンケーキ

卵フリー
- きんぴらごぼうのパンケーキバーガー……39
- バナナのパンケーキ……40

卵あり
オーソドックスなパンケーキ……41
スフレパンケーキ……41
ふわふわ食感のオムレット……42

Chapter ❹ 米粉の蒸しパン

卵・乳製品フリー
基本の米粉蒸しパン……46
抹茶と甘納豆の蒸しパン……47
ココアマーブル蒸しパン……48
ひじきの蒸しパン……48

Chapter ❺ ドーナツ＆油で揚げるスイーツ

卵・乳製品フリー
卵なしのふっくら米粉のプレーンドーナツ……52
ごま香る黒ごまの焼きドーナツ……53
チューイ・チン（揚げバナナ）……54
米粉チップス（青のり＆カレー味）……55

卵・乳製品あり
サーターアンダーギー……56
米粉のオールドファッション＆チョコファッション……56

Chapter ❻ 米粉シフォンケーキ

卵・乳製品あり
プレーンの米粉シフォンケーキ……60
ラムレーズンの米粉シフォンケーキ……61
コーヒーマーブルチョコチップ米粉シフォンケーキ……62
シフォン・ラスク……62

Chapter ❼ 米粉スコーン

卵・乳製品フリー
卵・乳製品フリーのプレーンスコーン……66
バナナチョコチップスコーン……68
チーズ風味の酒かすスコーン……68

卵・乳製品あり
バター香るプレーンの米粉スコーン……69
トマトとイタリアンハーブのスコーン……70

Chapter ❽ 和菓子

卵・乳製品フリー
みたらし団子……72
3種のお月見団子……73
白玉ぜんざいとバナナ団子のココナッツミルク……74
上用まんじゅう……75
天の川……76

卵あり
浮島・若草……78

Chapter ❾ 冷たいスイーツ

卵・乳製品フリー
米粉カスタードプリン……81
抹茶プリン……82
ココナッツミルクのパイナップルババロア……83
トマトコンフィチュールの爽やかプリン……84
オレンジヨーグルト風ムース……86
3種のトルコアイス風もっちり豆乳米粉アイスクリーム……86
　　あっさり豆乳バニラアイス
　　ちょっぴり濃厚豆乳チョコアイス
　　小豆の豆乳抹茶アイス

Chapter ❿ グルテンフリー米粉パン

卵・乳製品フリー
基本の米粉100％の食パン……91
米粉100％のオニオンブレッド……94
米粉100％のスパイシーカレーパン……95
米粉100％のコーヒーマーブルパン……96
米粉100％の黒糖蒸しパン……97
米粉100％のピザ……98
米粉100％のツナ・マヨ＆ソーセージパン……100
米粉100％のホットドッグ……101
米粉100％のリッチ生地の米粉パン……102
米粉100％のゼッポリーネ……103
一斤型グルテンフリー米粉パン……104

卵あり
米粉パンのサンドイッチ3種……106
　　卵サンド
　　厚焼き玉子サンド
　　キャロット・ラペサンド

卵・乳製品あり
米粉パンのフレンチトースト……108

Chapter ⑪ 米粉の料理 Part.1

卵・乳製品フリー
米粉の野菜フリッター　里芋＆ごぼう……111
米粉の衣で作る天ぷら
　　茄子＆しめじ＆いんげん＆さつま芋のかき揚げ……112
米粉で作る鶏のから揚げ……113
もっちり食感のチヂミ……114
米粉で作るお好み焼き……115
米粉で作るクリームシチュー……116
米粉で作る豆乳グラタン……116

Chapter ⑫ 米粉の料理 Part.2

卵・乳製品フリー
米粉の皮のジューシー焼き餃子……119
米粉のシュウマイ……120
あっさり鶏だし梅若うどん……122

おわりに……124

本書での約束ごと
・計量の単位は、大さじ1＝15cc, 小さじ1＝5 cc ,1カップ200 ccです。
・本書では、電気オーブンを使用しています。オーブンの温度、焼き時間は機種によって多少の差がありますので、様子を見ながら加減してください。
・米粉は使用するメーカーにより、水分量や米粉の量を調整する必要があります。
・水分量を調整できる場合は、水分を00cc〜と表記、水分量を調整できない場合（たとえば、卵使用のレシピ等）は米粉を00g〜と表記しています。
・正確な水分量がカギを握るレシピでは、水分量の表記を「g」としています（chaptaer9 冷たいスイーツ、chapter10 グルテンフリー米粉パンなど）。

米粉のこと

米粉は大きく分けて 2 種類

米粉は製菓用、パン用と表記していても、メーカーや種類、製粉方法により、仕上がりに差が出ます。まずは、自宅にある米粉がどのタイプの米粉なのか、確認しましょう。

＜米粉の水分吸収率＞

米粉と同量の水分を加えて混ぜると、🅐🅑どちらのタイプかよく分かります。

🅐 とろとろタイプ

ふわふわのパンやケーキに向く「製菓用米粉」。形状はとろとろ。水分吸収率は低め。水分は、レシピ記載の分量より小さじ1程度少なめから加えて調整

🅑 ダマダマタイプ

パンには不向きな「製菓用米粉」。形状はダマダマ。水分吸収率は高め。水分は、レシピ記載通り、または多めに加えて調整

本書で使用している米粉

本書では、なるべく手に入りやすく、スイーツ、パン、料理に合う米粉を使用しています。掲載されている米粉以外でももちろん作れますが（米粉パンはのぞく）、米粉を選ぶ際は、必ず「米粉の水分吸収率」を確認してから水分調整を考慮して使いましょう。

※以下は、ご自分の使いやすい米粉を選んでOK
Chapter5　ドーナツ＆油で揚げるスイーツ……6 または 7
Chapter6　米粉シフォンケーキ……1 または 2、または 4
Chapter9　冷たいスイーツ……どの米粉でもＯＫ
Chapter11　米粉の料理　Part.1……8、またはどの米粉でもＯＫ

🅐 とろとろタイプ

1 共立食品：米の粉

Chapter2　米粉パウンドケーキ＆マフィン
Chapter3　米粉パンケーキ
Chapter6　米粉シフォンケーキ
Chapter7　米粉スコーン

小麦よりも細かい超微粒子が特徴。口どけがよく、なめらかに仕上がります。料理、スイーツ、パンと応用範囲が広く、スーパーでも手軽に手に入ります。

2 富澤商店：製菓用米粉

Chapter1　米粉クッキー
Chapter6　米粉シフォンケーキ
Chapter8　和菓子

全国展開している製菓・製パン材料専門店「富澤商店」のオリジナル米粉。料理からふわふわのスポンジケーキまで、オールマイティに使えます。

3 富澤商店：製パン用米粉

Chapter10　グルテンフリー米粉パン

全国展開している製菓・製パン材料専門店「富澤商店」のオリジナル製パン用米粉。お米本来の味が残った米粉で、しっかりした生地のパンに向いています。

4 群馬製粉：リ・ファリーヌ（微粉末国産米粉）

Chapter4　米粉の蒸しパン
Chapter6　米粉シフォンケーキ

きめの細かさとしっとりとした食感が特徴。シチューのとろみや揚げ物の粉、スポンジ、シフォン、タルト、パイなど、さまざまな料理に幅広く使えます。店舗よりネットの方が手に入りやすい米粉です。

5 熊本製粉：パン用米粉 ミズホチカラ

Chapter10　グルテンフリー米粉パン
Chapter12　米粉の料理　Part.2　餃子

グルテンフリーの米粉パンに最適！　もちろんスイーツにも使えます。失敗が少ないので、初心者におすすめ。店舗よりネットの方が手に入りやすい米粉です。

6 サラ秋田白神：マイベイクフラワー

Chapter10　グルテンフリー米粉パン
Chapter12　米粉の料理　Part.2　うどん

グルテンフリーの米粉パンに適した米粉。α化米粉がブレンドされていて、パン用米粉 ミズホチカラより水分吸収率は高めです。失敗が少なく、おいしいパンに仕上がります。店舗よりネットの方が手に入りやすい米粉です。

B ダマダマタイプ

6 みたけ食品：米粉パウダー

Chapter3　米粉パンケーキ
Chapter5　ドーナツ＆油で揚げるスイーツ

卵を使わない料理やパンケーキを作るときにおすすめ。ふわふわのスポンジケーキより、少し重めのケーキを作るのが得意な商品です。スーパーで手軽に買えるのも◎！

7 カルディコーヒーファーム：もへじ 米粉

Chapter5　ドーナツ＆油で揚げるスイーツ

輸入食品店「カルディコーヒーファーム」で購入できる米粉。みたけ食品の米粉パウダー同様、卵を使わない料理や、パンケーキを作るのに最適です。どっしりと重めのケーキが得意です。

8 波里：お米の粉 お料理自慢の、薄力粉

Chapter1　米粉クッキー
Chapter11　米粉の料理　Part.1

グルテンフリーで水分をたっぷり吸う米粉。天ぷら・唐揚げなどの揚げ物から、クッキーやシフォンケーキ、タルトなど、洋菓子にも幅広く使えます。スーパーで手軽に買えます。

製菓用・パン用以外の米粉

9 上新粉

Chapter1　米粉クッキー
Chapter5　ドーナツ＆油で揚げるスイーツ
Chapter7　米粉スコーン
Chapter8　和菓子

クッキーや和菓子との相性がよく、種類が豊富。製菓用米粉に比べると粒子が粗く、どんなに細かい上新粉でも、手で触るとざらっとした感触があります。

10 白玉粉

Chapter8　和菓子

もち米を洗って水びきし、沈殿したものを乾燥させたもの。白玉だんごなどに使います。

11 真挽粉（しんびき）

Chapter8　和菓子

主に桜餅に使われる「道明寺粉」を小さく粉砕し、色がつかないように煎ったもの。おこしなどを作るときによく使います。

そのほかの副材料

アーモンドプードル　コーンスターチ　片栗粉　葛粉　ホワイトソルガム粉（白たかきびの粉）　タピオカ粉　きび砂糖　メープルシロップ　甜菜上白糖（和菓子の一部）　マルサン無調整豆乳　白神こだま酵母

材料のこと

米粉に副材料をプラスすれば、さらに食感や風味がアップ！ レシピに合わせてさまざまな材料を試してみましょう。

粉類

スイーツやパンの食感、軽さなど、仕上がりを考慮し、米粉以外の下記の材料をブレンドしているレシピがあります。
<スイーツ>アーモンドプードル　コーンスターチ　片栗粉　葛粉　ホワイトソルガム粉（白たかきびの粉）
<パン>タピオカ粉

油脂

本書では、クセがなく、酸化の少ない米ぬかから抽出される「こめ油」を使用しています（なたね油や太白ごま油もOK）。また、「ココナッツオイル」を使う場合は、スイーツやパンによってはアロマフリーの油脂を使った方が素材の邪魔をしないので、アロマフリータイプがおすすめです。

水分

「卵・乳製品フリー」のレシピでは、基本的に「有機無調整豆乳」を使用しています。大豆アレルギーの方は、アーモンドミルク（無糖）、ライスミルク（無糖）に変更することもできます（ただし、ライスミルクはメーカー、自家製、ともに濃度に差があるので、無調整豆乳と同等程度の濃度に水を加え、調整して使用してください）。
<スイーツ><パン><料理>マルサン無調整豆乳　卵・乳製品ありのレシピでは、「成分無調整牛乳」を使用しています。乳製品アレルギーがある方は、「無調整豆乳」に変更もできます。

ベーキングパウダー・重曹

ベーキングパウダーは、アルミニウム（ミョウバン）フリーのものを使っています。また、重曹は食品レベルのものを使用しています。

糖類

私が一番米粉のおいしさを引き出してくれると思っているのが「きび砂糖」。もちろん、甜菜糖やメープルシュガー、ココナッツシュガー、黒糖なども良いのですが、クッキーなどは粒の粗い糖類とブレンドすると溶けきれず、ザラっとした食感になるので、粉末タイプの方が無難です。
<スイーツ>きび砂糖　メープルシロップ
<パン><料理>きび砂糖

天然酵母

パンを作る際に使用する天然酵母。本書では発酵力が高く、失敗の少ない「白神こだま酵母」を使用しています。その他の酵母でも作れますが、全材料に「小麦」が含まれているものが多いので、使うときは注意しましょう。また、ドライイーストも使用OKです。その際の分量は、白神こだま酵母の1/2量より若干多めで調整してください。

その他の材料

スイーツによっては、バニラオイルやリキュール類、ドライフルーツ・ナッツ等を使用しています。ドライフルーツやナッツは、オイルコーティングされていないものを使いましょう。ドライフルーツは、使う前に熱湯に浸し、キッチンペーパーで水気を取っておくのがベストです。また、ナッツ類はローストしていないものを購入し、熱湯で1分ほど茹で、キッチンペーパーで水気を取って使用すると、ナッツ類の余分な油脂を取り除くことができます（ロースト済みのものは、酸化が始まっているため控えた方が無難です）。

Chapter ❶ 米粉クッキー

素朴な味で、手が止まらなくなる米粉クッキー。さっくり食感に仕上げるには、米粉に応じた水分量を調整することはもちろん、質の違う粉をブレンドするなど、材料調整が必須です。

❶ 米粉クッキー

ポイント

1. 粒子の粗い米粉（上新粉など）をブレンドすると、さっくり仕上がります。

2. 米粉と質の異なる食材（アーモンドプードルなど）や、でんぷん質（コーンスターチなど）をブレンドすると、固くなりにくくなります

3. 生地を作るときは絶対にこねない！

4. サックリ仕上げのコツは、少ない水分量。どうしても生地がまとまらないときは、小さじ1/2程度を足して調整を。

この章で使っているおすすめの米粉

波里「お米の粉　お料理自慢の、薄力粉」

富澤商店「製菓用米粉」

卵・乳製品フリー

基本の米粉クッキー

お米のおいしさを存分に味わえるクッキーです。まずは、基本の米粉クッキーをマスターしましょう。使用する米粉が水分を吸収しやすいかそうでないかで、加える水分量が変わります。大切なのは、ギリギリ成形できる水分量を加えることと、絶対にこねないこと。
この2つを守ればサクサクの米粉クッキーに仕上がります。

<材料・・・約 20 個分>
A 製菓用米粉 20g　上新粉 40g　アーモンドプードル 20g　コーンスターチ 20g　ベーキングパウダー小さじ 1/4　きび砂糖大さじ 1

B 無調整豆乳 20cc　水 20cc　こめ油 30g　自然塩ひとつまみ

<下準備>
❶天板にクッキングシートを敷いておく
❷オーブンを 170℃に予熱しておく

<作り方>
1　ボールに A の材料をすべて入れ、よく混ぜる

2　別のボールに B の材料をすべて入れ、乳化するまでよく混ぜる

3　2 を 1 に入れ、カード（またはドレッジ）で切るように混ぜ、一つにまとめる

4　2cm程度の大きさに丸め、天板に並べる

5　170℃に予熱したオーブンで 20 〜 25 分焼成

❶ 米粉クッキー

基本の米粉クッキーをアレンジして作る、ほろ苦い抹茶味がおいしいクッキー。成形するときは、くれぐれもこねすぎないように注意しましょう。

チョコレートを使わなくても、十分にチョコが感じられるおいしいクッキー。抹茶マーブルクッキー同様、成形する際はこねすぎないのがポイントです。

抹茶のマーブルクッキー

＜材料・・・約20個分＞
A：プレーン生地　製菓用米粉10g　上新粉20g　アーモンドプードル10g　コーンスターチ10g　ベーキングパウダー小さじ1/8　きび砂糖大さじ1と1/2
B：抹茶生地　製菓用米粉10g　上新粉20g　アーモンドプードル10g　コーンスターチ10g　ベーキングパウダー小さじ1/8　抹茶小さじ1と1/2
C　無調整豆乳20cc　水25cc　こめ油30g　自然塩ひとつまみ

＜下準備＞
❶天板にクッキングシートを敷いておく
❷オーブンを170℃に予熱しておく

＜作り方＞
❶ボールを2つ用意し、A・Bの材料をそれぞれ入れ、よく混ぜる　❷別のボールにCの材料をすべて入れ、乳化するまでよく混ぜる　❸②を①のそれぞれのボールに半分ずつ入れ、カード（またはドレッジ）で切るように混ぜ、ひとつにまとめる　❹生地をそれぞれ20等分し、プレーン生地と抹茶生地を合わせ、ひねりながら丸いマーブル模様に成形し、天板に並べる　❺170℃に予熱したオーブンで20〜25分焼成

ココアのマーブルクッキー

＜材料・・・約20個分＞
A：プレーン生地　製菓用米粉10g　上新粉20g　アーモンドプードル10g　コーンスターチ10g　ベーキングパウダー小さじ1/8
きび砂糖大さじ2
B：ココア生地　製菓用米粉10g　上新粉20g　アーモンドプードル10g　コーンスターチ10g　ベーキングパウダー小さじ1/8　無糖ココア小さじ1と1/2
C　無調整豆乳20cc　水25cc　こめ油30g　自然塩ひとつまみ

＜下準備＞
❶天板にクッキングシートを敷いておく
❷オーブンを170℃に予熱しておく

＜作り方＞
❶ボールを2つ用意し、A・Bの材料をそれぞれ入れ、よく混ぜる　❷別のボールにCの材料をすべて入れ、乳化するまでよく混ぜる　❸②を①のそれぞれのボールに半分ずつ入れ、カード（またはドレッジ）で切るように混ぜ、ひとつにまとめる　❹生地をそれぞれ20等分し、プレーン生地とココア生地を合わせ、マーブル模様になるように厚さ8mmぐらいの正方形に成形し、天板に並べる　❺170℃に予熱したオーブンで20〜25分焼成

❶ 米粉クッキー

卵・乳製品フリー

ココナッツの甘い香りと味が特徴のクッキー。ココナッツパウダーが入ることにより、サクサク感が増します。成形はスプーンを使って。

さくさくココナッツクッキー

<材料・・・約 20 個分>
A 製菓用米粉 20g　上新粉 20g　アーモンドプードル 20g　コーンスターチ 20g　ココナッツパウダー 20g　ベーキングパウダー小さじ 1/4　きび砂糖大さじ 1 と 1/2
B 無調整豆乳 30cc　水 20cc　こめ油 30g　自然塩ひとつまみ

<下準備>
❶天板にクッキングシートを敷いておく
❷オーブンを 170℃に予熱しておく

<作り方>
❶ボールに A の材料をすべて入れ、よく混ぜる　❷別のボールに B の材料をすべて入れ、乳化するまでよく混ぜる　❸②を①のボールに入れ、カード（またはドレッジ）で切るように混ぜ、一つにまとめる　❹スプーンなどを使って成形し、天板にのせる　❺170℃に予熱したオーブンで 20〜25 分焼成

卵・乳製品フリー

コーヒーや紅茶によく合うクッキーとして、世界中で愛される「Biscoff」のロータスクッキー。そのクッキーをオマージュして、シナモンクッキーを作りました。シナモンの味があとを引く、大人のクッキーです。

大人のシナモンクッキー

<材料・・・約 20 個分>
A 製菓用米粉 20g　上新粉 40g　アーモンドプードル 20g　コーンスターチ 20g　シナモンパウダー小さじ 1 と 1/2　ベーキングパウダー小さじ 1/4　きび砂糖大さじ 2
B 無調整豆乳 20cc　水 20cc　こめ油 30g　自然塩ひとつまみ

<下準備>
❶天板にクッキングシートを敷いておく
❷オーブンを 170℃に予熱しておく

<作り方>
❶ボールに A の材料をすべて入れ、よく混ぜる　❷別のボールに B の材料をすべて入れ、乳化するまでよく混ぜる　❸②を①のそれぞれのボールに半分ずつ入れ、カード（またはドレッジ）で切るように混ぜ、ひとつにまとめる　❹厚さ 3mmほどに伸ばした生地をピザカッターなどで 4cm四方の正方形にカットし、天板にのせる　❺170℃に予熱したオーブンで 20〜25 分焼成

ほんのり和風な白みそごまクッキー

自家製の白みそを隠し味に、ごまをふんだんに使ったクッキーです。白みそは、本物を使うと甘すぎず、おいしく仕上がります。

＜材料・・・約20個分＞
A 製菓用米粉 60g　アーモンドプードル 20g　白ごま 20g　ベーキングパウダー小さじ 1/4　きび砂糖大さじ 2
B 無調整豆乳 25cc　白みそ 8g　こめ油 30g

＜下準備＞
❶天板にクッキングシートを敷いておく
❷オーブンを 170℃に予熱しておく

＜作り方＞
❶ボールに A の材料をすべて入れ、よく混ぜる　❷別のボールに B の無調整豆乳と白みそを入れてよく溶かし、こめ油を加え、乳化するまでしっかり混ぜる　❸②を①のボールに入れ、カード（またはドレッジ）で切るように混ぜ、一つにまとめる　❹ 2㎝程度の大きさに丸めて天板に並べ、上から手のひらで押さえて厚みを薄くする　❺ 170℃に予熱したオーブンで 18～22 分焼成

トマトプリッツ

トマトジュースとちょっぴり効かせた塩こしょうで、アルコールのおつまみにも合うプリッツです。トマトジュースは無塩タイプがおすすめ。

＜材料・・・作りやすい量＞
A 　製菓用米粉 60g　上新粉 40g　コーンスターチ 10g　粗びき黒こしょう　小さじ 1/4　ベーキングパウダー小さじ 1/4　きび砂糖大さじ 2
B 有機無塩トマトジュース 75cc　こめ油 10g　自然塩小さじ 1/4

＜下準備＞
❶天板にクッキングシートを敷いておく
❷オーブンを 170℃に予熱しておく

＜作り方＞
❶ボールに A の材料をすべて入れ、よく混ぜる　❷別のボールに B の材料をすべて入れ、よく混ぜる　❸②を①のボールに入れ、カード（またはドレッジ）で切るように混ぜ、一つにまとめる　❹麺棒で厚さ 3㎜に伸ばし、幅を 5㎜にカット。天板にのせる　❺ 170℃に予熱したオーブンで 15 分焼成　❻オーブンから出し、天板にのせたまま冷ます

❶ 米粉クッキー

サクッ、ほろっとした食感を出すために、水分は極力使わず油分のみで仕上げました。その分、成形時にくずれやすくなります。どうしても成形できない場合は、小さじ1程度の水や無調整豆乳を足してください。

さくほろスノーボール

<材料・・・約15個分>
A 製菓用米粉 100g　アーモンドプードル 30g　ココナッツパウダー 20g　きび砂糖 30g
B こめ油 40g
C 粉糖、またはきび砂糖各適量　抹茶パウダーやココアなど各適量

<下準備>
❶天板にクッキングシートを敷いておく
❷オーブンを170℃に予熱しておく

<作り方>
❶ボールにAの材料を入れ、ホイッパーでよく混ぜる
❷Bを①のボールに入れ、生地をまとめる
（まとまらない場合は、小さじ1程度の無調整豆乳を入れてまとめる）
❸親指大に丸め、天板にのせる
❹170℃に予熱したオーブンで18～20分焼成
❺焼成後、天板をオーブンから出し、10分ほどそのままにしておく
❻粗熱がとれてきたら、ほんのり温かい状態で粉糖などを絡める

バター香る米粉のアイスボックスクッキー

たっぷりのバターを使用したアイスボックスクッキー。バターの味が口いっぱいに広がる、贅沢なアイスボックスクッキーです。

＜材料・・・約18枚分＞
A 製菓用米粉 80g
B 無塩バター 40g　きび砂糖 30g　卵黄（常温に戻しておく）1個　無調整豆乳（牛乳でも可）小さじ1　バニラオイル適量

＜下準備＞
❶天板にクッキングシートを敷いておく
❷オーブンを170℃に予熱しておく

＜作り方＞
❶バターを常温に戻して混ぜ、きび砂糖を加えてよく混ぜる　❷常温に戻した卵黄を少しずつ加えてよく混ぜ、さらに無調整豆乳を加え、よく混ぜる　❸バニラオイルを数滴加える　❹米粉を加えてさっくりと混ぜ、棒状に成型。冷蔵庫で30分休ませる　❺ナイフで1cm幅にカットする　❻170℃に予熱したオーブンで15～18分焼成

米粉のラングドシャ

ラングドシャは、口の中でとろけるような薄い仕上がりが特徴。生地がやわらかすぎると焼成中にダレてきれいな形にならないので、少し固めの生地になるよう、米粉で調整しましょう。米粉のアイスボックスクッキーとセットで作れば、卵1個を無駄なく使えます。

＜材料・・・20枚分＞
A 製菓用米粉 35g～
B 無塩バター 35g　きび砂糖 20g
卵白（Mサイズ）1個分　バニラオイル適量

＜下準備＞
❶天板にクッキングシートを敷いておく
❷オーブンを180℃に予熱しておく

＜作り方＞
❶バターを常温に戻して混ぜ、きび砂糖を加えてよく混ぜる　❷卵白を少しずつ加え、よく混ぜる　❸バニラオイルを数滴加える　❹米粉を加え、ゴムベラでさっくりと混ぜ、30分ほど室温において生地をなじませる　❺絞り袋に入れ、クッキングシートを敷いた天板に2cmくらいの丸い形に間隔をあけて絞る　❻180℃に予熱したオーブンで8分焼成（周りが焦げてきたら、アルミホイルでふんわり覆いましょう）

Chapter ❷ 米粉パウンドケーキ＆マフィン

米粉のケーキは、米粉スイーツの中では難易度が高め。特に卵を使用しない場合は、水分量や混ぜ方に注意しないとういろう状になったり、重たいケーキになることがあります。でも、コツをつかんで失敗なく焼けるようになると、とっても簡単！　おいしいケーキが焼けるようになりますよ。

ポイント

1. P10＜米粉の水分吸収率＞を参考に、水分量を調整しましょう。Aのとろとろタイプを使う場合は、水分量を少なめに。Bのダマダマタイプを使う場合は、水分量を多めに。

2. 粉類と水分の混ぜすぎには注意しましょう。米粉のでんぷん質で重たいケーキになってしまいます。

3. ベーキングパウダーは、水分に反応して発泡して膨らむので、水分を加えたら手早くオーブンへ入れることが肝心。

4. マフィン型や熱伝導率の高いシフォン型、リング型、クグロフ型は、失敗することが少なく、仕上がります。

5. 米粉を使用したケーキは乾燥しやすいため、本書では若干、水分量の多いレシピになっています。焼成後3分ほど経ったらアルミホイルに包み、蒸気を閉じ込めて乾燥を防ぎましょう

6. 型の大きさにより焼成時間が異なります。マフィンカップなど小さいものは5〜8分ほど短めに設定してください。

この章で使っている道具

❷ 米粉パウンドケーキ&マフィン

①富澤商店 cuoca オリジナル
ブリキパウンドケーキ型（S）

②富澤商店 cuoca オリジナル
ブリキパウンドケーキ型（ミニ）

③富澤商店 cuoca オリジナル
マフィン6個型

④富澤商店 cuoca オリジナル
ミニマフィン12個型

⑤富澤商店グラシン6F

⑥富澤商店グラシン8F

⑦浅井商店ブリキデコ型　15cm

この章で使っているおすすめの米粉

共立食品
「米粉の粉」

基本の米粉パウンドケーキ

まずは、基本の米粉パウンドケーキをマスターしましょう。シンプルな材料で作る基本のパウンドケーキは、米粉のおいしさがダイレクトに伝わるので、お気に入りのおいしい米粉で作ってください。

❷ 米粉パウンドケーキ&マフィン

<使用する道具>
① or、②

<材料・・・①の型 1 台分 or ②の型 2 台分>
A　製菓用米粉 90g　アーモンドプードル 40g　コーンスターチ 20g
ベーキングパウダー小さじ 1 と 1/2　きび砂糖 30g
B　無調整豆乳 130cc ～　こめ油 30g　自然塩ひとつまみ

<下準備>
❶型にクッキングシートを敷いておく
❷オーブンを 170℃に予熱しておく

<作り方>
1　ボールにＡの材料を入れ、よく混ぜる

2　別のボールにＢを入れ、乳化するまでよく混ぜる

3　1 に 2 を入れ、粉類と水分が馴染むようにホイッパーでさっくりと混ぜ、型に入れる

4　170℃に予熱したオーブンで 25 ～ 30 分焼成

ブランデーに漬け込んだレーズンをたっぷり使ったブランデーケーキ。ブランデーの豊潤な香りが口いっぱいに広がります。仕上げにブランデーをたっぷり塗って、より大人味にしても！

大人のブランデー米粉ケーキ

＜使用する道具＞
① or、②

＜材料・・・①の型 1 台分 or ②の型 2 台分＞
A 製菓用米粉 90g　アーモンドプードル　40g　コーンスターチ 20g　ベーキングパウダー小さじ 1 と 1/2　きび砂糖 30g
B 無調整豆乳 90cc 〜　ブランデー小さじ 2　こめ油 30g　自然塩ひとつまみ
C レーズン大さじ 3　ブランデー 40cc

＜下準備＞
❶ 型にクッキングシートを敷いておく
❷ オーブンを 170℃に予熱しておく
❸ 前日からCのレーズンとブランデーを漬けておく

＜作り方＞
❶ ボールにAの材料を入れ、よく混ぜる
❷ 別のボールにBを入れ、乳化するまでよく混ぜる
❸ ①に②、前日から漬けておいたCを入れ、粉類と水分が馴染むようにホイッパーでさっくりと混ぜ、型に入れる
❹ 170℃に予熱したオーブンで 25 〜 30 分焼成

完熟バナナの甘味を利用したマフィン。ラムレーズンや苦みのあるカカオニブを使用して、大人でも楽しめる味にしました。子どもにはチョコチップを使用したり、ラムレーズンを除いて作ってくださいね。

バナナチョコチップマフィン

<使用する道具>
① or ② or ③（③を使う場合は⑥も）or ④（④を使う場合は⑤も）

<材料・・・①の型1台分 or ②の型2台分 or ③の型1台分 or ④の型1台分>
A 製菓用米粉 90g　アーモンドプードル 40g　コーンスターチ 20g　ベーキングパウダー小さじ1と1/2　きび砂糖 20g（バナナの甘味次第で調整）
B 無調整豆乳 100cc〜（バナナの水分次第で調整）　完熟バナナ 1/2本（約60g）　ラム酒小さじ1　レモン汁小さじ1　こめ油 30g　自然塩ひとつまみ
C 無糖アプリコットジャム大さじ2　水大さじ1　有機カカオニブ大さじ1　ココナッツパウダー適量

<下準備>
❶使用する道具が① or ②の場合は型にクッキングシートを敷いておく。③ or ④の場合は型に⑤ or ⑥を敷く
❷オーブンを170℃に予熱しておく

<作り方>
❶Cのアプリコットジャムと水をよく混ぜる
❷ボールにAの材料を入れ、よく混ぜる
❸別のボールにバナナとレモン汁を入れ、フォークで潰し、残りのBの材料を加えてよく混ぜる
❹②に③を入れ、粉類と水分が馴染むようにホイッパーでさっくりと混ぜ、型に入れる
❺170℃に予熱したオーブンで25〜30分焼成
❻粗熱が取れたら①を塗り、カカオニブとココナッツパウダーを飾る

❷ 米粉パウンドケーキ&マフィン

チョコレートを使用しなくても、プルーンピューレとカルーア、インスタントコーヒーで、濃厚なチョコ味を演出。驚くほど濃厚なチョコ味になります。ココアと相性のいいオレンジピールをアクセントに♪

卵・乳製品フリー

プルーンピューレ

（作りやすい量）
種抜きプルーン 100g
ぬるま湯大さじ 3
フードプロセッサーにプルーンを入れ、少しずつぬるま湯を足しながら攪拌し、ペースト状にする。
※卵・乳製品フリーのケーキやマフィンに使用するとコクが増し、また、肉料理のソースに加えてもおいしく仕上がります。
冷蔵庫で1週間程度保存可能。

オレンジチョコマフィン

<使用する道具>
① or ② or ③（③を使う場合は⑥も）or ④（④を使う場合は⑤も）

<材料・・・①の型1台分 or ②の型2台分 or ③の型1台分 or ④の型1台分>
A 製菓用米粉 70g　アーモンドプードル 30g　コーンスターチ 20g　無糖ココア 15g　ベーキングパウダー小さじ1と1/2
B 無調整豆乳 120cc～　メープルシロップ大さじ2　プルーンピューレ 10g　カルーア小さじ2　こめ油 30g　自然塩ひとつまみ　オレンジピール 25g
C アプリコットジャム大さじ2　水大さじ1　クコの実・パンプキンシード・ドライブルーベリー各適量

<下準備>
❶使用する道具が① or ②の場合は型にクッキングシートを敷いておく。③ or ④の場合は型に⑤ or ⑥を敷く
❷オーブンを170℃に予熱しておく

<作り方>
❶Cのアプリコットジャムと水をよく混ぜる
❷ボールにAの材料を入れ、よく混ぜる
❸別のボールにBを入れ、乳化するまでよく混ぜる
❹②に①を入れ、粉類と水分が馴染むようにホイッパーでさっくりと混ぜ、型に入れる
❺170℃に予熱したオーブンで25～30分焼成
❻粗熱が取れたら①を塗り、クコの実、パンプキンシード、ドライブルーベリーを飾る

パウンド型の底にフルーツをたっぷり並べ、その上に生地を入れて焼くケーキ。焼きあがったら上下逆さまにして、フルーツが上にくるように並べます。華やかなのに簡単に出来、プレゼントにも最適！　パイナップルや桃など、いろいろなフルーツでお試しあれ！

❷ 米粉パウンドケーキ&マフィン

オレンジティーのアップサイドダウンケーキ

＜使用する道具＞
②

＜材料・・・②の型 2 台分＞

A 製菓用米粉 75g
片栗粉 20g
アーモンドプードル 30g
ベーキングパウダー小さじ 1
きび砂糖大さじ 1 と 1/2
B
ストレートオレンジジュース 60cc
無調整豆乳 40cc 〜
こめ油 30g
ティー・リキュール各小さじ 1

＊フィリング＊
オレンジなどの柑橘類 1 個
ミントの葉適量

＊カラメルソース＊
きび砂糖 40g
水小さじ 2 弱

＜下準備＞
❶型にクッキングシートを敷いておく
❷オーブンを 170℃に予熱しておく

＜作り方＞
❶オレンジなどの柑橘類は外側の皮をむき、横に厚さ 3mm 程度に 5 枚スライスする
❷鍋にきび砂糖と水を入れて火にかけ、鍋をときどき揺らしながらカラメルソースを作る（あまり濃い色にならない程度）
❸クッキングシートを敷いた型に②を入れ、①を並べる
❹ボールにＡを入れ、よく混ぜる
❺別のボールにＢを入れ、乳化するまでよく混ぜる
❻④に⑤を入れ、粉類と水分が馴染むようにホイッパーでさっと混ぜる
❼生地を型に流し入れ、170℃のオーブンで 15 〜 20 分焼成（竹串を刺し、生の生地が付かなければ OK）
❽オーブンから出し、型に入れたままケーキクーラーなどで粗熱がとれるまで寝かせる
❾器にひっくり返し、クッキングシートをそっと外す
❿ミントの葉を飾る

水分のすべてが全卵のみの、米粉のパウンドケーキ。卵の力でふっくら。米粉だけでもコクのあるケーキに仕上がります。飾りに薄くアプリコットジャムを塗ってごまをのせれば、おいしいうえに見た目も◎！

ふっくら卵のパウンドケーキ

＜使用する道具＞
②
＜材料・・・②の型 2 台分＞
A 製菓用米粉 100g　ベーキングパウダー小さじ 1/2
B 全卵 2 個（M サイズ以下）　きび砂糖 30g　こめ油 20g
（トッピング）
アプリコットジャム小さじ 1　水小さじ 1/2　黒ごま小さじ 1　白ごま小さじ 2

＜下準備＞
❶型にクッキングシートを敷いておく
❷オーブンを 180℃に予熱しておく

＜作り方＞
❶ A は合わせておく
❷卵は溶きほぐし、きび砂糖を加えてよく混ぜ、こめ油を加えてさらによく混ぜる
❸②に①を入れ、ゴムベラでさっくりと馴染むように混ぜる
❹型に入れ、180℃に予熱したオーブンで 20 分焼成（竹串を刺し、生の生地がつかなければ OK）
❺オーブンから出して粗熱を取り、型からはずしてトップにアプリコットジャムを塗り、ごまを飾る

子供の頃、おやつに食べた「神田精養軒のマドレーヌ」。バターの風味が濃厚で、おいししかったと子ども心に記憶しています。そのお菓子を米粉で再現。レモンの皮のすりおろしを加え、濃厚だけれどさっぱりとした味に仕上げました。

❷ 米粉パウンドケーキ&マフィン

米粉のマドレーヌ

<使用する道具>
④、⑤

<材料・・・④の型1台分>
A 製菓用米粉 240g　ベーキングパウダー小さじ1と1/2
B 無塩バター 200g　きび砂糖 120g　全卵4個分(約240g)
レモンの皮のすりおろし1個分

<下準備>
❶型にグラシンをセットしておく
❷オーブンを180℃に予熱しておく

<作り方>
❶バターを湯せんにかけて溶かす
❷卵を溶きほぐし、きび砂糖を加えてよく混ぜる
❸②にAを加え、ゴムベラでさっくりと混ぜる
❹③にレモンの皮のすりおろし、①を加え、さらにさっくりなるよう混ぜる
❺型に入れ、180℃に予熱したオーブンで20分焼成

枝豆とチーズのお食事系米粉マフィン

枝豆×チーズのお食事系米粉マフィン。計量から約30分で完成します。卵入りなので固くなりにくく、朝食をはじめ、ランチにもぴったりの一品。パウンド型で大きく焼き、『ケーキサクレ』にしても。

<使用する道具>
③、⑥

<材料・・・③の型1台分>
A 製菓用米粉 100g　ベーキングパウダー小さじ1/2
B 無塩バター 20g　きび砂糖 15g　全卵1個　牛乳 90cc～　自然塩ひとつまみ
(フィリング) 枝豆適量　プロセスチーズ 3枚（8等分に切る）　オーガニックソーセージ4本（5mm幅に切る）

<下準備>
❶型にグラシンをセットしておく
❷オーブンを180℃に予熱しておく

<作り方>
❶バターを室温に戻し、ボールに入れ、きび砂糖を加え、よく混ぜる　❷卵を割り入れてよく混ぜ、さらに牛乳と自然塩を加えてよく混ぜる　❸②にAとフィリングの材料を混ぜ、さっくりと混ぜる　❹型に入れ、180℃に予熱したオーブンで20分焼成

ガトーショコラ

とろけるようなメレンゲとビターチョコレート、ブランデーで作るガトーショコラ。コーヒーによく合う、大人のケーキです。

<使用する道具>⑦
<材料・・・⑦の型1台分>
A 製菓用米粉　25g
B オーガニックビターチョコレート 100g　無塩バター 50g　卵黄2個　きび砂糖 10g　ブランデー大さじ1
(メレンゲ) 卵白2個　きび砂糖 20g　自然塩ひとつまみ　(飾り) 粉糖・フルーツ各適量

<下準備>
❶型にクッキングシートを敷いておく
❷オーブンを170℃に予熱しておく
❸卵白は使う直前まで冷蔵庫で冷やす

<作り方>
❶バターとチョコレートは湯せんにかけて溶かす　❷ボールに卵黄ときび砂糖を入れ、よく混ぜる　❸①に②を入れて混ぜ、ブランデーを加えてよく混ぜる。米粉を加え、さらによく混ぜる　❹卵白に自然塩ひとつまみを加え、ハンドミキサーで3分立てにする。きび砂糖を3回に分けて加えながら、しっかりと角がたったメレンゲを作る　❺③に④の半分を入れて混ぜ、残りのメレンゲを加えてつやが出るまでよく混ぜる　❻型に入れ、170℃に予熱したオーブンで20分焼成　❼竹串を刺し、チョコレートがトロッとしていたら型のまま冷ます　❽完全に冷めたら型から外し、粉糖を飾る

Chapter 3 米粉パンケーキ

卵フリー、あり、2種類のパンケーキを紹介します。卵フリーのパンケーキは、使う米粉に応じて水分量を調整してバーガータイプを作ってみましょう。原材料がお米の米粉は、和の惣菜によく合います。
卵ありのパンケーキは、簡単に作れるプレーンタイプと、ちょっぴり難易度の高いスフレ系に挑戦！ スフレ系は、少しアレンジを加えれば、オムレットにも変身します。どちらも味わい深く、おいしいパンケーキに仕上がるので、ぜひ試してみて。

ポイント

1. 卵フリーのバーガータイプのパンケーキは、厚さを1.5cm程度にすると、形よく決まります。P10＜米粉の水分吸収率＞を参考に、自宅にある米粉がどちらのタイプかを見極めて、水分量を調整しましょう。

2. バナナ入りのパンケーキは、モッチリした食感に！ バナナの水分量をしっかり見極めて、水分次第で無調整豆乳の量を調整しましょう。

3. ベーキングパウダーは、水分と反応して膨らみます。たくさん焼く場合など、火にかけるまでに時間がかかる場合は、重曹を小さじ1/4弱プラスして、膨らみを補いましょう。

4. スフレパンケーキの仕上がりの差は、卵白で作るメレンゲにあり！新鮮な卵白はメレンゲを作る直前まで冷蔵庫でしっかり冷やし、10分立てのつやの美しいメレンゲに仕上げましょう。また、スフレパンケーキは、使用する米粉で仕上がりの高さが変わります。P10＜米粉の水分吸収率＞を参考に、水分量を調整しましょう。Aのとろとろタイプを使う場合は、レシピ通りに。Bのダマダマタイプを使う場合は、レシピより5〜10gほど米粉の量を減らすと良いでしょう。

この章で使っている道具

⑧ステンレスセルクル丸
φ120 × H50mm
かっぱ橋　浅井商店

この章で使っているおすすめの米粉

みたけ食品
「米粉パウダー」

共立食品
「米の粉」

❸ 米粉パンケーキ

卵フリー

バーガー仕立てに仕上げるには、使用する米粉に合った水分調整が必要です。フライパンに生地を落とす際、生地がダレないように注意しましょう。米粉のパンケーキは、和の惣菜との相性も抜群。いろいろな惣菜を挟んで、オリジナルの味を楽しんで。

きんぴらごぼうのパンケーキバーガー

＜材料＞
A 製菓用米粉 150g　きび砂糖大さじ 2　ベーキングパウダー小さじ 1 と 1/2
B 無調整豆乳 180cc 前後　こめ油 12g　レモン汁小さじ 2　バニラオイル少々
自然塩ひとつまみ　こめ油適量
C きんぴらごぼう適量　レタスまたはサラダ菜各適量　豆乳マヨネーズ適量

＜作り方・・・2 個分＞
❶ボールにAの材料を入れ、よく混ぜる
❷別のボールにBを入れ、乳化するまでよく混ぜる
❸①に②を入れ、粉類と水分が馴染むよう、ゴムベラでさっくりと混ぜる
❹フライパンにこめ油をひいて熱する。一度火からおろし、濡れ布巾の上に置き、粗熱を取る
❺③をおたまで 1 杯ずつ、低めの位置から④に入れる。直径 10cm前後の大きさに丸く形を整えながら中火にかけ、蓋をして 2 分熱する。裏返して再び蓋をし、2 分焼成。同様に、残り 3 枚を焼く
❻⑤の片面に豆乳マヨネーズを塗り、レタス、きんぴらごぼうをのせ、その上にもう 1 枚の⑤をのせる

生地に完熟バナナを練りこんだパンケーキ。バナナの甘みに合わせて、きび砂糖の量は調整しましょう。甘党の方は、レシピより少し多めに。バナナの甘味をシンプルに味わいたい方は、きび砂糖を入れなくても OK です。

バナナのパンケーキ

<材料・・・作りやすい量>
A 製菓用米粉 100g　きび砂糖大さじ 1　ベーキングパウダー小さじ 1
B 無調整豆乳 100cc　バナナ 1 本（約 80g）　ラム酒小さじ 1　こめ油 8g
レモン汁 5g
自然塩ひとつまみ
C バナナ 1 本　レモン汁・きび砂糖各大さじ 1　こめ油・シナモン各適量

<作り方>
❶ボールにAの材料を入れ、よく混ぜる
❷別のボールにバナナ 1 本を入れてフォークでつぶし、残りのBの材料を加え、よく混ぜる
❸①に②を入れ、粉類と水分が馴染むよう、ゴムベラでさっくりと混ぜる
❹フライパンにこめ油をひいて熱する。一度火からおろし、濡れ布巾の上に置き、粗熱を取る
❺③をおたまで 1 杯ずつ、低めの位置から④に入れる。直径 10cm前後の大きさに丸く形を整えながら中火にかけ、蓋をして 2 分熱する。裏返して再び蓋をし、2 分焼成。同様に、もう 1 枚焼く
❻Cのバナナは縦半分、長さ半分にカットする。レモン汁をふりかけ、油をひいたフライパンで両面を焼き、きび砂糖大さじ 1 をまぶして全体にからめ、キャラメリゼする
❼器に⑤を盛り、⑥をのせてシナモンをふる

❸ 米粉パンケーキ

卵を使った、昔ながらのオーソドックスなパンケーキ。固くなりにくいので、冷めてもおいしくいただけますよ。

メレンゲと12cmのセルクルで高さを出すスフレパンケーキ。セルクルが用意できない場合は、牛乳パックでも代用できます。好みの大きさに調整して作ってみましょう。

オーソドックスなパンケーキ

<材料・・・作りやすい量>
A 製菓用米粉 100g　きび砂糖大さじ 2〜3　ベーキングパウダー　小さじ 1 弱
B 全卵 1 個　無調整豆乳（牛乳でも可）70cc〜

<作り方>
❶ボールにAの材料を入れ、よく混ぜる
❷別のボールにBを入れ、乳化するまでよく混ぜる
❸①に②を入れ、粉類と水分が馴染むよう、ゴムベラでさっくりと混ぜる
❹フライパンにこめ油をひいて熱する。一度火からおろし、濡れ布巾の上に置き、粗熱を取る
❺③をおたまで 1 杯ずつ、低めの位置から④に入れる。直径 10cm前後の大きさに丸く形を整えながら中火にかけ、蓋をして 2 分熱する。裏返して再び蓋をし、2 分焼成。同様に、3 枚焼く

スフレパンケーキ

<使用する道具> ⑧
<材料・・・⑧の型 1 台分>
A 卵黄 2 個分　無調整豆乳（牛乳でも可）40cc　こめ油 10g　製菓用米粉 50g　ベーキングパウダー小さじ 1/2
B 卵白 2 個分　きび砂糖 20g　自然塩ひとつまみ
こめ油・フルーツ（いちご、キウイ、オレンジ）・粉糖　各適量

<下準備>
❶セルクルにクッキングシートを貼り付けておく
❷卵白は冷蔵庫でよく冷やしておく

<作り方>
❶Aの材料を順番に入れ、その都度よく混ぜて卵黄生地を作る
❷卵白に自然塩ひとつまみを加え、ハンドミキサーで 3 分立てにする。きび砂糖を 3 回に分けて加えながら、ハンドミキサーで 10 分立てのしっかりしたつやのあるメレンゲを作る
❸②のメレンゲの半分を①に加え、よく混ぜる
❹残りの②のメレンゲが入っているボールに③を加え、さっくりと混ぜる
❺フライパンにこめ油をひき、セルクルを置いて生地を流し入れ、極弱火で蓋をし、8 分焼成。裏返し、蓋をして 2 分焼成
❻器にセルクルごとのせ、そっと外して粉糖をふり、フルーツをのせる

スフレパンケーキの生地を、セルクルを使わずにフライパンで作りました。生クリームやカスタードクリーム、ジャムやフルーツを挟んで、ちょっと贅沢なパンケーキを楽しみましょう！

ふわふわ食感のオムレット

<材料・・・2枚分>
A 卵黄1個分　無調整豆乳（牛乳でも可）小さじ2　こめ油5g　製菓用米粉20g
B 卵白1個分　きび砂糖10g　自然塩ひとつまみ
C 生クリーム100g　きび砂糖大さじ1　自然塩ひとつまみ
いちご、キウイ、バナナなどフルーツ各適量　粉糖適量

<下準備>
❶ 卵白はよく冷やしておく

<作り方>
❶ Aの材料を左から順番に入れ、その都度よく混ぜて卵黄生地を作る
❷ よく冷やした卵白に自然塩ひとつまみを加え、ハンドミキサーで3分立てにする。きび砂糖を3回に分けて加えながら、ハンドミキサーで10分立てのしっかりしたつやのあるメレンゲを作る
❸ ②のメレンゲの半分を①に加え、よく混ぜる
❹ 残りのメレンゲの半分を③に加え、よく混ぜる
❺ すべてのメレンゲを加え、さっくりと混ぜる
❻ フライパンにこめ油をひいて熱する。一度火からおろし、濡れ布巾の上に置き、粗熱を取る
❼ フライパンに生地をお玉で1杯ずつ低めの位置から入れ、直径12cm前後の大きさに丸く形を整えて中火にかけ、蓋をして4分、裏返して再び蓋をして1分焼成
❽ 生クリームに自然塩ときび砂糖を加え、ハンドミキサーで10分立てに仕上げて生クリームを作る
❾ 粗熱が取れたら、⑧やフルーツを挟んで半分に折り、粉糖をふる

Chapter ❹ 米粉の蒸しパン

　米粉の蒸しパンは、米粉のおいしさがダイレクトに伝わるスイーツ。そのため、使用する米粉の粒子の大きさやお米の種類により、食感や味に違いが出やすくなります。ちなみに、私は新しい米粉を使うときは、必ずプレーンの蒸しパンを作ってから水分吸収率、膨らみ具合、食感を試しています。
　また、米粉蒸しパンは、慣れると計量から完成まで15分で出来てしまうすぐれもの！　忙しい朝の朝食に、小腹が空いたときのおやつに、ぜひお気に入りの米粉を使って作ってください。

ポイント

1. 粒子の細かい米粉を使うと、ふんわりとした食感に仕上がります

2. ふくらみを足すには「ベーキングパウダー」と「重曹」のダブル使いが◎！　ただし、紫芋パウダーやカレー粉は、重曹を加えると変色するため注意が必要です。

3. 米粉と水分を合わせたら、サッと馴染むように混ぜましょう。混ぜすぎるとでんぷん質が出て、重たい蒸しパンになります。

4. 蒸すときは、必ず蒸気の上がった熱湯を使い、強火で一気に蒸すのがポイント（お湯の温度や火加減が中途半端だと、おいしい蒸しパンになりません）。

5. 蒸し道具は、せいろがベスト。余分な蒸気を上手に逃がしてくれます。ない場合は、蒸し器やフライパンでもOK。蒸し器などを使う際は、蓋に付いた水分が生地に落ちないよう蓋を布巾で覆い、蓋を少しずらすことを忘れずに。

6. 蒸しパンは、加えるフィリングによって、仕上がりに差が出ます。本書で紹介するレシピはすべて「これぞ蒸しパン！」といえるような割れ具合ですが、チーズなどを入れた場合は、油分が多いことからきれいに割れないことも……。でも、食感がモッチリしていなければ失敗ではないので、気にしないでOK。

この章で使っている道具

❹ 米粉の蒸しパン

⑤富澤商店グラシン　6F

⑥富澤商店グラシン　8F

⑨富澤商店　アルミプリンカップ

この章で使っているおすすめの米粉

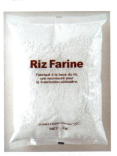

群馬製粉
「リ・ファリーヌ」
（微粉末国産米粉）

基本の米粉蒸しパン

米粉の味や食感が一番ダイレクトに伝わるプレーンの米粉蒸しパン。和洋中どんな惣菜にも合います。初めて使う米粉も、まずはプレーンの蒸しパンを作り、その水分吸収率や味、食感を試してみると、ほかのスイーツでも失敗しにくくなります。トップがパカっと割れるようになったら、いろいろな蒸しパンに挑戦してみて！

＜使用する道具＞
⑨、⑤または⑥

＜材料・・・⑨の型約5台分＞
A 製菓用米粉 100g　きび砂糖 30g
ベーキングパウダー小さじ 1/2　重曹小さじ 1/4 弱
B 無調整豆乳 85cc ～　こめ油 10g　自然塩ひとつまみ

＜下準備＞
1　プリンカップにグラシンカップ（⑤の型 5 台分 or ⑥の型 4 台分）をセットする

＜作り方＞
1　ボールにAの材料を入れ、よく混ぜる
2　別のボールにBを入れ、乳化するまでよく混ぜる
3　1に2を入れ、さっくりと混ぜる
4　型に入れ、蒸気の上がった湯で 12 分蒸す

❹ 米粉の蒸しパン

抹茶と甘納豆は、鉄板！ ともいえる組み合わせ。甘納豆の甘さに応じて、きび砂糖の量を調整しましょう。クロレラパウダーやモリンガパウダーをほんの少し加えると、きれいな緑色が保てます。生地が緩いと甘納豆が沈むので、水分量の調整は必須！

卵・乳製品フリー

抹茶と甘納豆の蒸しパン

<使用する道具>
⑨、⑤または⑥

<材料・・・⑨の型約5台分>
A 製菓用米粉 100g　抹茶パウダー小さじ1　クロレラパウダー極少量（なくてもOK）
きび砂糖 20g　ベーキングパウダー小さじ 1/2　重曹小さじ 1/4 弱
B 無調整豆乳 85cc～　こめ油 10g　自然塩ひとつまみ
C 甘納豆（生地混ぜ込み）30g　トッピング用甘納豆 15 粒程度

<下準備>
❶プリンカップにグラシンカップ（⑤の型5台分 or ⑥の型4台分）をセットする

<作り方>
❶ボールにAの材料を入れ、よく混ぜる
❷別のボールにBを入れ、乳化するまでよく混ぜる
❸①に②を入れ、さっくりと混ぜ、生地混ぜ込み分の甘納豆を加えて軽く混ぜる
❹型に入れ、トッピングの甘納豆を飾り、蒸気の上がった湯で12分蒸す

マーブル模様に思わずテンションが上がる、ココアの蒸しパン。きれいなマーブルに仕上げるには、ココア液を加えてから混ぜすぎないことが大切！

和の総菜と米粉の蒸しパンは相性の良い組み合わせ。フィリングとして総菜を使う場合は、水分をよくきってみじん切りにしてから混ぜ込んで！

ココアマーブル蒸しパン

＜使用する道具＞
⑨、⑤または⑥

＜材料・・・⑨の型約5台分＞
A 製菓用米粉 100g　きび砂糖 40g　ベーキングパウダー　小さじ 1/2　重曹小さじ 1/4 弱
B 無調整豆乳 85cc〜　こめ油 10g　自然塩 ひとつまみ
C 無糖ココア小さじ 1　ぬるま湯小さじ 1/2

＜下準備＞
❶プリンカップにグラシン（⑤の型 5 台分 or ⑥の型 4 台分）をセットする
❷無糖ココアをぬるま湯で溶いておく

＜作り方＞
❶ボールにAの材料を入れ、よく混ぜる
❷別のボールにBを入れ、乳化するまでよく混ぜる
❸①に②を入れ、さっくりと混ぜる
❹ぬるま湯で溶いたココアを加え、ゴムベラでひと混ぜする
❺型に入れ、蒸気の上がった湯で 12 分蒸す

ひじきの蒸しパン

＜使用する道具＞
⑨、⑤または⑥

＜材料・・・⑨の型約5台分＞
A 製菓用米粉 100g　きび砂糖 10g　ベーキングパウダー小さじ 1/2　重曹小さじ 1/4 弱
B 無調整豆乳 85cc〜　こめ油 10g　自然塩 ひとつまみ
C ひじきの煮物 20g

＜下準備＞
❶プリンカップにグラシン（⑤の型 5 台分 or ⑥の型 4 台分）をセットする
❷ひじきの煮物は水分をよくきり、みじん切りにする

＜作り方＞
❶ボールにAの材料を入れ、よく混ぜる
❷別のボールにBを入れ、乳化するまでよく混ぜる
❸①に②を入れ、さっくりと混ぜる
❹みじん切りにしたひじきの煮物を加え、サッと混ぜる
❺型に入れ、蒸気の上がった湯で 12 分蒸す

Chapter ❺ ドーナツ＆油で揚げるスイーツ

米粉を揚げるスイーツには、ふっくらとした食感がおいしい「ドーナツ系」と、米粉の冷めると固くしまる特徴を利用した「おかき」系があります。
卵なしでふっくらとした食感のドーナツにするには、豆腐が力を発揮します。また、卵を使った場合は、冷めても固くなりにくく、コクのある味に仕上がります。

この章で使っているおすすめの米粉

みたけ食品
「米粉パウダー」

カルディコーヒーファーム
「もへじ 米粉」

ポイント

1. P10＜米粉の水分吸収率＞を参考に、自宅にある米粉がどちらのタイプかを見極めて、水分量を調整しましょう。Ａのとろとろタイプを使う場合は、水分量は少なめに。Ｂのダマダマタイプを使う場合は、水分量を多めにすると良いでしょう。

2. ドーナツ＆揚げるスイーツは、粒子の細かい製菓用米粉のみでもおいしくできますが、粒子の粗い上新粉をミックスすると、よりふんわり感が増します。

3. 卵を使う場合は、卵の大きさにより、加える水分を調整しましょう。

❺ ドーナツ＆油で揚げるスイーツ

この章で使っている道具

⑩富澤商店
ドーナツ型6ケ取

⑪ステンレスセルクル丸
φ60×H35mm
かっぱ橋　浅井商店

豆腐の力を利用した、冷めても固くなりにくいプレーンドーナツ。生地は緩めにすると、時間がたってもあまり固くなりません。豆腐は食感がよく、においの少ない絹豆腐がおすすめ（絹豆腐の水分量により、生地が緩すぎる場合は米粉を少しずつ足して調整を）。仕上げに粉糖やきなこをまぶすと、ひときわおいしく食べられますよ。

卵なしのふっくら米粉のプレーンドーナツ

＜材料・・・約18個分＞
A 製菓用米粉 60g　上新粉 40g　ベーキングパウダー小さじ1　きび砂糖 20g
B 絹豆腐 90g　無調整豆乳 50cc　自然塩ひとつまみ
こめ油（揚げるとき用）　適量

＜作り方＞
❶ボールにAの材料を入れ、よく混ぜる
❷別のボールにBの材料を入れ、豆腐を丁寧に潰す（水切りしなくてOK）
❸①に②を入れ、手で成形できない程度の柔らかさになるまでよく混ぜる
❹生地を170℃に熱した油にスプーンで落とし入れ、こんがりと色よく揚げる

❺ ドーナツ&油で揚げるスイーツ

卵なしのプレーンドーナツの生地をアレンジして、黒ごまペーストを加えました。揚げずに焼いた、罪悪感の少ない焼きドーナツ。黒ごまペーストを抹茶やココア、野菜ピューレなどに変えて、いろいろなアレンジを楽しんでください。

ごま香る黒ごまの焼きドーナツ

＜使用する道具＞
⑩
＜材料・・・⑩の型1台分＞
A 製菓用米粉 70g　上新粉 30g　ベーキングパウダー小さじ1　きび砂糖 20g
B 絹豆腐 80g　黒ごまペースト大さじ1と1/2　無調整豆乳 50cc　こめ油　10g
自然塩ひとつまみ
C 白ごま小さじ1と1/2　黒ごま小さじ1/2　アプリコットジャム小さじ1
水小さじ1/2
＜下準備＞
❶型に薄く、こめ油を塗っておく
❷オーブンを180℃に予熱しておく

＜作り方＞
❶ボールにAの材料を入れ、よく混ぜる
❷別のボールにBの材料を入れ、豆腐を丁寧に潰す（水切りしなくてOK）
❸①に②を入れ、よく混ぜる
❹型に生地を入れて180℃に予熱したオーブンで20分焼成
❺完全に冷めたら型から外す
❻ⓒのアプリコットジャムを水で溶き、ハケで塗って白ごま・黒ごまをトッピングする

ベトナムの屋台ではおなじみの「チューイ・チン」。衣に米粉とココナッツミルクパウダーを使い、南国情緒たっぷりの味に仕上げました。アイスクリームを添えれば夏にピッタリのおやつになりますよ。

チューイ・チン（揚げバナナ）

<材料・・・作りやすい量>

バナナ　3本

A 製菓用米粉 50g　ココナッツミルクパウダー大さじ 2　ベーキングパウダー小さじ 1
自然塩ひとつまみ　きび砂糖ふたつまみ　水 30cc ぐらい

こめ油　適量

<作り方>

❶ ボールにバナナ 1 本を入れ、フォークでよく潰し、Aの材料をすべて入れてよく混ぜ、ラップをして 15 分寝かせる
❷ 残り 2 本のバナナは横半分、縦半分に切り、ラップで包んで軽く押さえ、バナナを伸ばす
❸ ②に①の生地をたっぷりとつける
❹ 170 〜 180℃に熱した油で、きつね色になるまで揚げる

❺ ドーナツ&油で揚げるスイーツ

古来より、おかきの材料として使用されていた米粉。冷めると固まる米粉の性質を利用して、パリっと仕上げます。塩を効かせて甘くないおやつに。

米粉チップス（青のり&カレー味）

<材料・・・作りやすい量>
(A：青のり) 上新粉 50g　水 35cc　自然塩小さじ 1/8　青のり小さじ 2
(B：カレー味) 上新粉 50g　水 35cc　自然塩小さじ 1/8　カレー粉小さじ 1

こめ油適量（揚げる用）

<作り方>
❶ A,B、それぞれすべての材料を合わせてこね、一つにまとめる
❷ 生地を 15 等分にして丸める
❸ 手のひらで生地を伸ばす
❹ 170℃の油できつね色になるまで揚げる

沖縄の郷土料理「サーターアンダーギー」を米粉で再現。黒糖を使い、深みのある味に仕上げました。米粉で作っているとは思えないほど、ふんわりとコクのある味です。

ドーナツと言えば、オールドファッション！ この形はまさにドーナツって感じですよね。オールドファッション独特の表面の割れ目は、竹串で生地をぐるっと一周すると出来ます。外側はサクッ、中はしっとりな米粉のオールドファッションをお楽しみあれ♪

サーターアンダーギー

<材料・・・6個分>
A 製菓用米粉100g　上新粉65g
ベーキングパウダー小さじ1
B 全卵2個　黒糖（粉末タイプ）30g
こめ油小さじ1
こめ油適量（揚げる用）

<作り方>
❶ボールにAの材料をすべて入れ、よく混ぜ合わせる　❷別のボールに卵2個を割り入れてよく溶き、黒糖を加え、よく混ぜる　❸②に①を加えてゴムベラで混ぜ、こめ油を加えてさらに混ぜる　❹2本のスプーンで形を整えながら170℃の油に落とし入れ、きつね色になるまで揚げる

米粉のオールドファッション&チョコファッション

<使用する道具>
⑪

<材料・・・⑪の型約6台分>
A 製菓用米粉100g　上新粉50g
ベーキングパウダー小さじ1
B きび砂糖40g　こめ油12g　卵1個
バニラオイル2～3滴
C チョコレート適量

<作り方>
❶ボールにAの材料をすべて入れ、よく混ぜ合わせる　❷別のボールにきび砂糖とこめ油を加えて混ぜ、卵、バニラオイルを入れてよく混ぜる　❸②に①を加えてゴムベラで混ぜ、さっくりと混ぜる　❹生地を厚さ1cm程度に伸ばす　❺大小のセルクルなどで抜き、ドーナツの形にする　❻10cm四方のクッキングシートの上に生地をのせ、竹串でぐるっと一周するように内側の円を描く　❼170℃の油できつね色になるまで揚げる　❽チョコレートを湯せんで溶かし、ドーナツが完全に冷めてからチョコレートに片側をひたし、コーティングする

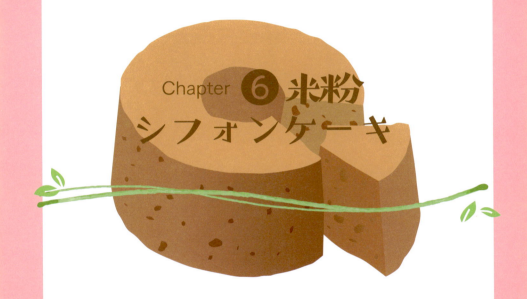

Chapter 6 米粉シフォンケーキ

　米粉で作るシフォンケーキは、キメが細かく、口に入れた瞬間、ふんわりと溶けてしまいそうなほどふっくら！　一見、難しそうにも思える米粉シフォンケーキですが、コツさえ掴めば簡単に作れるので、ぜひ作ってみてくださいね。

1. シフォンケーキが成功するか否かは、すべてメレンゲにかかっている！　と言いきってもいいほど。安定したメレンゲを作るには、新鮮な卵を使い、卵黄と卵白をきちんと分け、メレンゲを作る直前まで、冷蔵庫、または冷凍庫で冷やしておくことが大切です。

2. メレンゲは、ボールを逆さまにしても、びくともしないくらいしっかりと泡立てましょう。メレンゲが中途半端だと、高さが出なくなってしまいます。

3. メレンゲと卵黄はしっかり混ぜること！　10分立てのつやのある角の立ったメレンゲなら、卵黄生地としっかり混ぜてもきちんと膨らみます（ここでしっかり混ぜないと、生地に大きな穴があいてしまうので、"しっかり混ぜる"を徹底しましょう）。

4. 使用する米粉に合わせた水分量は厳守しましょう。水分が多いと、焼成後に生地が落ちたり、焼き縮みが起きます。使用する米粉のタイプを見極めて、水分吸収率が低い米粉は水は少なめに、高い米粉は水を小さじ1ほど増やして調整しましょう。

5. 最後まで気を抜くべからず。"生地が完全に冷めてから型から外す"を必ず守りましょう。

この章で使っている道具

⑫馬嶋屋
アルミシフォンケーキ型 17cm

❻米粉シフォンケーキ

この章で使っているおすすめの米粉

共立食品
「米粉の粉」

富澤商店
「製菓用米粉」

群馬製粉「リ・ファリーヌ」
(微粉末国産米粉)

まずは、オーソドックスなプレーンのシフォンケーキをマスター。甘みは、お米ときび砂糖のみなので、トッピングを工夫すると味に広がりが出ます。また、生クリームやフルーツを挟んだり、レタスやツナサラダを挟んだり、シフォンケーキをサンドイッチのようにして食べるのも新鮮ですよ。

卵・乳製品あり

プレーンの米粉シフォンケーキ

<使用する道具>
⑫

<材料・・・⑫の型1台分、または200mlの紙コップ6個分>
A卵黄生地　卵黄4個分（Mサイズ）　きび砂糖40g　こめ油30g　水50cc
バニラオイル3滴　製菓用米粉80g
Bメレンゲ　卵白4個分（Mサイズ）　自然塩ふたつまみ　きび砂糖30g

<下準備>
❶オーブンを170℃に予熱しておく
❷卵は卵黄と卵白に分け、卵白は使う直前まで冷蔵庫で冷やす

<作り方>
❶Aの材料を順番にボールに入れ、その都度よく混ぜる。米粉は2回に分けて加え、都度ホイッパーでよく混ぜて卵黄生地を作る　❷卵白に自然塩ふたつまみを加え、ハンドミキサーで3分立てにする。きび砂糖は3回に分けて加え、都度よく撹拌し、メレンゲを作る（つやがあってピンと角が立つくらいのメレンゲにしましょう）　❸①に②の1/3量を加え、ホイッパーでよく混ぜる。残りのメレンゲの1/2量を加え、さらにホイッパーで混ぜる。残りすべてのメレンゲを加えたら、再びホイッパーで軽く混ぜ、全体をゴムベラでよく混ぜ合わせる　❹型に入れてゴムベラで表面をならし、竹串で生地をぐるりと2周させる。両手で型を持ち、10cmくらいの高さから2回ほど型ごと落とし、空気を抜く　❺170℃に予熱したオーブンで30～35分焼成　❻焼成が完了したらすぐに逆さまにし、ワインの空きボトルなどに逆さまの状態にして刺し、冷ます

❼完全に冷めたら型から外す

生地にラムレーズンとラム酒を練りこんだ、大人のシフォンケーキ。焼成中にアルコールは飛びますが、苦手な方はラムレーズンを湯通しし、水分をキッチンペーパーなどでふき取り、レーズンにプラスするラム酒を水に変えて作ってください。作り方は、基本の米粉シフォンケーキの工程1.の最後にラムレーズンを加えるだけです。

卵・乳製品あり

❻米粉シフォンケーキ

ラムレーズンの米粉シフォンケーキ

＜使用する道具＞
⑫
＜材料・・・⑫の型1台分、または200mlの紙コップ6個分＞
A 卵黄生地　卵黄4個分（Mサイズ）　きび砂糖40g　こめ油30g　水・ラム酒各30cc　製菓用米粉80g　ラムレーズン50g（キッチンペーパーで水けを取る）
B メレンゲ　卵白4個分（Mサイズ）　自然塩ふたつまみ　きび砂糖30g
＜下準備＞
❶オーブンを170℃に予熱しておく
❷卵は卵黄と卵白に分け、卵白は使う直前まで冷蔵庫で冷やす

＜作り方＞
❶Aの材料を上から順番にボールに入れ、その都度よく混ぜる。米粉は2回に分けて加え、都度ホイッパーでよく混ぜ、ラムレーズンを加えてさらに混ぜ、卵黄生地を作る　❷卵白に自然塩ふたつまみを加え、ハンドミキサーで3分立てにする。きび砂糖は3回に分けて加え、都度よく撹拌し、メレンゲを作る（つやがあってピンと角が立つくらいのメレンゲにしましょう）　❸①に②の1/3量を加え、ホイッパーでよく混ぜる。残りのメレンゲの1/2量を加え、さらにホイッパーで混ぜる。残りすべてのメレンゲを加えたら、再びホイッパーで軽く混ぜ、全体をゴムベラでよく混ぜ合わせる　❹型に入れてゴムベラで表面をならし、竹串で生地をぐるりと2周させる。両手で型を持ち、10cmくらいの高さから2回ほど型ごと落とし、空気を抜く　❺170℃に予熱したオーブンで30〜35分焼成　❻焼成が完了したらすぐに逆さまにし、ワインの空きボトルなどに逆さまの状態にして刺し、冷ます

❼完全に冷めたら型から外す

コーヒーマーブルチョコチップ 米粉シフォンケーキ

米粉コンシェルジュ協会の中で、1番人気のケーキ。カフェインレスのコーヒーを使っているので、妊婦さんも食べられますよ。

＜使用する道具＞
⑫

＜材料・・・⑫の型1台分　または　200mlの紙コップ6個分＞
A卵黄生地　卵黄4個分（Mサイズ）　きび砂糖・こめ油30g　水40cc　製菓用米粉80g
Bメレンゲ　プレーンの米粉シフォンケーキに同じ
C　チョコチップ30g　カフェインレス・インスタントコーヒー大さじ2　熱湯大さじ1

＜下準備＞
❶～❷プレーンの米粉シフォンケーキに同じ
❸インスタントコーヒーは熱湯大さじ1で溶いておく

＜作り方＞
❶～❷プレーンの米粉シフォンケーキに同じ　❸①に②の1/3量を加え、ホイッパーでよく混ぜる。残りのメレンゲの1/2量を加え、さらにホイッパーで混ぜる。残りすべてのメレンゲを加えたら、再びホイッパーで軽く混ぜ、チョコチップを加えて全体をゴムベラでよく混ぜ合わせる　❹熱湯で溶いたインスタントコーヒーを生地に散らすように加え、全体を軽く混ぜてマーブル模様を作る（型に流す間もマーブル模様は移動します。混ぜすぎないようにしましょう）　❺型に入れてゴムベラで表面をならし、竹串で生地をぐるりと2周させる。両手で型を持ち、10cmくらいの高さから2回程型ごと落とし、空気を抜く　❻170℃に予熱したオーブンで30～35分焼成　❼焼成が完了したら、すぐに逆さまにし、ワインの空きボトルなどに刺して冷ます　❽完全に冷めたら型から外す

もしもシフォンケーキが失敗したり、たくさん作って余ったりしたときは、ラスクへ変身させるというのも手！　失敗なんてなかったかのような、軽い食感のおいしいラスクが完成しますよ♪

シフォン・ラスク

＜材料・・・作りやすい量＞
シフォンケーキ　メープルシュガーやシナモンシュガー（お好みで）

＜下準備＞
❶天板にクッキングシートを敷き、オーブンを120℃に予熱しておく

＜作り方＞
❶シフォンケーキを5mm幅にカットし、天板にのせる
❷好みでメープルシュガーやシナモンシュガーをふり、120℃に予熱したオーブンで1時間20分焼成
❸オーブンから出し、天板にのせたまま冷ます

Chapter 7 米粉スコーン

朝食にもランチにもおやつにも！　どんなシーンにも合うおいしいスコーン。米粉のスコーンは比較的簡単でボリュームもあるので、作れるようになると重宝します。卵・乳製品フリー、ありで、甘いおやつ系としょっぱいお食事系のレシピを用意しました。気分に合わせて作ってください。

この章で使っているおすすめの米粉

共立食品
「米粉の粉」

ポイント

❼ 米粉スコーン

1. スコーンの生地を作るときは、サックリと混ぜ、こねずに一つにまとめましょう。こねるとスコーンの食感が失われます。

2. 一つにまとめたら、生地をカードできって重ねる、を繰り返します。こうすることで、スコーン独特の断面が出現します。成形に入ったら、カットした断面はなるべく触らないようにしましょう。

3. バター、卵、乳製品使用の場合は、それぞれを直前まで冷蔵庫でよく冷やしておくことが大事。特にバターは溶けたものを使うと、パサパサの食感になります。

4. 型抜きしたら、なるべく早く焼成に入りましょう（バター使用のスコーンは特に急いで）。というのも、ベーキングパウダーを使用すると、水分と粉が混ざった時点で膨らみ始めてしまうため、時間が経つほど膨らみが弱くなってしまいます。型抜きしたら「なるはやで焼成！」が鉄則。

この章で使っている道具

⑪ステンレスセルクル丸
φ60 × H35mm
かっぱ橋　浅井商店

65

まずは、基本のプレーンスコーン。粒子が粗めの上新粉とホワイトソルガム粉（白たかきび粉）を使用して、小麦のスコーンの食感に近づけます。アーモンドプードルを加えれば、味わい深いスコーンに！

❼米粉スコーン

卵・乳製品フリーのプレーンスコーン

＜材料・・・6個分＞
A
上新粉 150g
ホワイトソルガム粉・アーモンドプードル・片栗粉各 15g
ベーキングパウダー小さじ 1 と 1/2
きび砂糖・こめ油各 30g
B
無調整豆乳 100cc 前後
バニラオイル適量
自然塩ふたつまみ
C
メープルの粒ジャム・ナッツやドライフルーツなど　適量

＜下準備＞
❶オーブンを 170℃に予熱しておく
❷天板にクッキングシートを敷いておく

＜作り方＞
❶ボールに、Aのこめ油以外の材料を入れ、ホイッパーでよく混ぜる
❷①にこめ油を入れ、ホイッパーで混ぜ、生地をポロポロの状態（小豆代くらいの大きさ）にする。※粉類とこめ油が全部混ざっていなくても OK
❸Bの材料をよく混ぜて②に加え、きるように混ぜ、一つにまとめる。　※このとき、絶対に生地は練らないでください。Cはこのタイミングで入れましょう
❹一つにまとめた生地を、きって重ねる、を 3〜4 回繰り返す
❺生地を手のひらで厚さ 2.5〜3cmにのばし、包丁で 6 等分にカットし、天板にのせる
❻無調整豆乳（分量外）を手指で表面に塗る
❼ 170℃に予熱したオーブンで 25 分焼成
❽天板を取り出し、粗熱がとれるまで天板の上で冷ます

潰したバナナを生地に練りこんだスコーン。バナナの水分量に合わせて、無調整豆乳の量は調整しましょう。

チーズは入っていないのに、チーズの味がするスコーン。その秘密は「酒かす」。ブラックオリーブをフィリングにして、食事系に仕上げました。

バナナチョコチップスコーン

＜使用する道具＞
⑪
＜材料・・・⑪の型6台分＞
A 製菓用米粉 120g　上新粉 40g　アーモンドプードル 30g　片栗粉 20g　ベーキングパウダー小さじ1と1/2　きび砂糖 30〜40g　こめ油 20g
B バナナ（完熟でなくても OK）60g　無調整豆乳 80cc　バニラオイル適量　自然塩ふたつまみ
C チョコチップ 15g
＜下準備＞
❶オーブンを170℃に予熱しておく
❷天板にクッキングシートを敷いておく

＜作り方＞
❶〜❷卵・乳製品なしのプレーンスコーンに同じ　❸別のボールにバナナを入れ、フォークで潰してBの材料を入れてよく混ぜる。②に加え、きるように生地に混ぜ、一つにまとめる　※このとき、絶対に生地は練らないでください。Cは、このタイミングで入れましょう
❹一つにまとめた生地を、きって重ねる、を3〜4回繰り返す　❺生地を手のひらで厚さ2.5〜3cmにのばし、セルクルで抜き、天板にのせる　❻〜❽卵・乳製品なしのプレーンスコーンに同じ

チーズ風味の酒かすスコーン

＜材料・・・作りやすい量＞
A 上新粉 100g　ホワイトソルガム粉 20g　アーモンドプードル 15g　片栗粉 15g　ベーキングパウダー小さじ1と1/2　きび砂糖 20g　こめ油 30g
B 酒かす 30g　無調整豆乳 60cc 前後　自然塩ふたつまみ
C ブラックオリーブやドライトマト、ナッツなど　適量
＜下準備＞
❶オーブンを170℃に予熱しておく
❷天板にクッキングシートを敷いておく

＜作り方＞
❶〜❷卵・乳製品なしのプレーンスコーンに同じ　❸Bの材料をよく混ぜる。酒かすはしっかりと豆乳に溶け、塊がないようにしてから②に加え、きるように混ぜて一つにまとめる　※このとき、絶対に生地は練らないでください。（Cはこのタイミングで入れましょう）　❹〜❽卵・乳製品なしのプレーンスコーンに同じ

❼ 米粉スコーン

バターの香りが濃厚なプレーンのスコーン。卵・牛乳を使い、味に深みを出しました。素材の味を存分に楽しむべく、はじめは何もつけずに食べるのがおすすめ。そのあとは、好みのディップを塗って、味の変化を楽しみましょう。

卵・乳製品あり

バター香るプレーンの米粉スコーン

<使用する道具>
⑪
<材料・・・⑪の型 6 台分>
A 製菓用米粉 80g　上新粉 30g　ホワイトソルガム粉 50g
ベーキングパウダー小さじ 1 と 1/2　きび砂糖小さじ 1　自然塩小さじ 1/8
有塩バター 30g
B 卵 1 個 牛乳（無調整豆乳でも可）60cc　卵黄分量外（つや出し用）
<下準備>
❶オーブンを 200℃に予熱する。予熱が終わったらクッキングシートを敷いた天板を入れる
❷材料は米粉も含め、すべて冷蔵庫で冷やしておく（バター使用のスコーンは、バターが溶ける前に素早く作業をすることが鉄則！）

<作り方>
❶フードプロセッサーに A の材料とバターを入れ、バターが小豆大になるくらいまでパルス（連続回転ではなく、手で押しているときだけガガガっと回転させる）し、ボールに移す
❷別のボールに B の材料を入れてよく混ぜ、①に加えてさっくりとカードで混ぜる。一つにまとめ、きって重ねる、を 2 〜 3 回繰り返す
❸打ち粉をして麺棒で 2.5cm の厚さに伸ばし、セルクルで抜き、温めた天板にのせ、卵黄を塗る
❹ 200℃に予熱したオーブンで 20 〜 30 分焼成

バター香るプレーンの米粉スコーンの材料をトマトジュースに変えるだけで、イタリアンなスコーンに早変わり！ 岩塩を効かせて、食事にも合う味に仕上げました。コロコロとした小さいサイズは食べやすく、あまりのおいしさに手が止まらなくなるかも⁉

トマトとイタリアンハーブのスコーン

＜材料・・・小さいコロコロサイズ＞
A 製菓用米粉 90g　上新粉 40g　ホワイトソルガム粉 30g　イタリアンハーブミックス小さじ 1強　ベーキングパウダー小さじ 1と 1/2　きび砂糖小さじ 1　岩塩小さじ 1/2
有塩バター 30g
B 卵 1個　無塩トマトジュース 60cc
卵黄分量外（つや出し用）

＜下準備＞
❶オーブンを 200℃に予熱する。予熱が終わったらクッキングシートを敷いた天板を入れる
❷材料はすべて冷蔵庫で冷やしておく（バター使用のスコーンは、バターが溶ける前に素早く作業をすることが鉄則！）

＜作り方＞
❶フードプロセッサーに A の材料とバターを入れ、バターが小豆大になるくらいまでパルス（連続回転ではなく、手で押しているときだけガガガっと回転させる）し、ボールに移す
❷別のボールに B の材料を入れてよく混ぜ、①に加えてさっくりとカードで混ぜる。一つにまとめ、きって重ねる、を 2～3 回繰り返す
❸打ち粉をして麺棒で 2.5cmの厚さに伸ばし、ナイフで 4cm× 2cm程度の四角形にカットし、温めた天板にのせ、卵黄を塗る
❹ 200℃に予熱したオーブンで 20～25 分焼成

Chapter 8 和菓子

米粉は奈良時代からある食材で、和菓子が得意。江戸時代、茶道とともに、日本独特の米粉を使用した和菓子が発展しました。
和菓子職人が作る繊細な和菓子を家庭で作るのはなかなか難しいものです。けれども、本書では、米粉や上新粉など、さまざまな種類の材料を駆使して、見た目も美しい和菓子に仕立てました。みたらし団子のような簡単なものから、ちょっぴり高度な和菓子まで……。
8品を紹介します。

この章で使っているおすすめの米粉

富澤商店
「製菓用米粉」

絹豆腐の水分を利用した、もちもちのやわらかいお団子。この食感、一度食べたらクセになりますよ！

卵・乳製品フリー

みたらし団子

<材料・・・作りやすい量>
A 絹豆腐（水切りなし）100g　白玉粉 60g　湯適量
B タレ　醤油 15g　みりん 25g　水 50cc　きび砂糖 10g
葛粉大さじ 1（同量の水で溶いておく）

<作り方>
❶ボールにAの材料を入れ、白玉粉が潰れるように手でよく混ぜ、耳たぶ程度の固さになるよう水分を調整する（生地がパサついているようなら、水を小さじ 1/2 ずつ足して調整しましょう）
❷一口大に丸め、中心を親指と人差し指で押し、くぼみをつける
❸沸騰した湯に②を入れ、団子が浮き上がってきたら 2 分ほど茹で、冷水にとる
❹葛粉以外のBの材料をすべて鍋に入れ、火にかける。きび砂糖が溶けたら、同量の水で溶いた葛粉でとろみを付け、タレを作る
❺器に団子を盛り付け、タレをかける

中秋の名月に、3色のお月見団子はいかがでしょう？ タレには、みたらしや黒ごまを。あんこを添えてもおいしいですよ。

3種のお月見団子

<材料・・・作りやすい量>
A
絹豆腐 100g
上新粉 70g

かぼちゃパウダー 20g（同量の水で溶く）
よもぎパウダー 1g（小さじ1を湯で5分戻し、水分とともに使用）
B
＊みたらしのタレ＊
みたらし団子を参照
＊黒ゴマタレ＊
黒練りごま・すり黒ごま　各大さじ2
きび砂糖・無調整豆乳　各大さじ3
自然塩少々

<作り方>
❶ A はよく混ぜ、耳たぶより少し固い生地にする（水分が少ない場合は少しずつ水を足し、水分が多い場合は上新粉を少しずつ足して調整しましょう）
❷生地を3等分に分け、1つにかぼちゃパウダー、もう1つによもぎパウダーをそれぞれ混ぜ、よくこね、少し寝かせる
❸一口大に丸め、沸騰した湯で茹で、浮き上がってきたら2分煮、冷水にとる
❹水気をきってから器に盛り付け、みたらしダレと黒ごまダレを添える

ぜんざいは、小豆から作るのが一番おいしい！ 少し時間がかかりますが、ぜひ手作りに挑戦してください。ぜんざいに使う絹豆腐は、水切りし、みたらし団子より少し固めに作って。
バナナ団子は、団子にバナナを練りこみ、ココナッツミルクをベースに、ベトナムのスイーツ「チェー」をイメージして作りました。冷たくても温かくても、一年中おいしく食べられます。

白玉ぜんざいとバナナ団子のココナッツミルク

<材料・・・・作りやすい量>
＊白玉ぜんざい＊
A 小豆 150g　きび砂糖 75g　水 1200cc（6 カップ）　自然塩少々
B 絹豆腐（水切りあり）90g　白玉粉 30g～

<作り方>
❶小豆は洗い、2～3倍の水で茹で、沸騰したら煮汁をすてる
❷鍋に1の小豆と水 1200cc（6 カップ）を入れ、小豆がやわらかくなるまで煮る
❸きび砂糖を3回に分けて加え、自然塩少々で味を調える
❹水切りした絹豆腐と白玉粉をよく混ぜ、耳たぶより少し固くなるよう、白玉粉の量を調整する。一口大に成形し、沸騰した湯で茹で、団子が浮き上がってきたら2分茹でて冷水にとる
❺器に3をよそい、4の団子を浮かせる。

＊バナナ団子のココナッツミルク＊
C 上新粉 50g　白玉粉 50g　バナナ 1本（80g くらい）　きび砂糖大さじ 1
D ココナッツミルク 100g　無調整豆乳 100cc　メープルシロップ大さじ 1弱

<作り方>
❶バナナ 1/3本をフォークで潰してペースト状にし、残りは一口大にカットする
❷ボールに①と上新粉、白玉粉、きび砂糖を入れ、耳たぶ程度の固さに練り上げる
❸②を小指大程度の大きさに丸め、沸騰した湯で茹で、浮き上がってきたら1分茹でて冷水にとる
❹Dはすべて混ぜ、③と一口大にカットした①のバナナにかける。
※夏は冷やして、冬はDを温めると、よりおいしく食べられます

すりおろした山芋と上用粉で作る、上品なおまんじゅう。色とりどりの寒天で、涼し気な雰囲気を演出しました。

❽ 和菓子

上用まんじゅう

＜材料・・・6個分＞
こし餡 150g　山芋正味 35g　甜菜上白糖 40g　上新粉 70g

＊飾り：3色寒天＊
水 100cc　きび砂糖小さじ 1/4　粉寒天 1g
赤（紅麹）・緑（抹茶パウダー）・紫（紫芋パウダー）各適量　それぞれ少量の水で溶いておく

＜下準備＞
❶ 鍋に湯を沸かし、せいろ、または蒸し器に硬く絞った布巾を敷き、その上にクッキングシートを敷く

＜作り方＞
❶ こし餡は 25g ずつに分け、丸める
❷ 山芋は皮をむき、おろし金ですりおろす
❸ ②に甜菜上白糖を 3 回に分けて加え、都度空気と粘りを出すように混ぜる
❹ ③に上新粉を少しずつふるい入れ、ゴムベラで素早く混ぜ合わせる
❺ 生地は折りこんでたたむように上新粉と馴染ませ、耳たぶより少し柔らかい、ハリのある生地にする
❻ ⑤を 6 等分にして丸く伸ばし、1 のこし餡を包み、とじ目を下にして蒸し器に並べる
❼ 鍋に湯を沸騰させて中火で 10 分蒸し、器に盛る
❽ 鍋に水、きび砂糖、粉寒天を入れて火にかける。沸騰したら弱火にし、寒天が完全に溶けるまで 2 分ほど、ゴムベラで混ぜながら火にかけ、飾り寒天を作る
❾ バットに移し、水で溶いた紅麹、抹茶パウダー、紫芋パウダーを、色が混ざらないように離し、寒天に色を付ける
❿ 寒天が完全に固まったら、⑦の上に飾る

外側は製菓用米粉と上新粉で作ったきゅう肥、中にあんこを挟んだ「天の川」。真挽粉で天の川をイメージし、川の両側には彦星と織姫に見立てたお星さまを並べました。鮮やかな色合いは、紫芋パウダーやかぼちゃパウダー！ さまざまな材料を使うことで、和菓子職人でなくてもプロ並みのスイーツが作れちゃいますよ。

❽ 和菓子

天の川

<材料・・・4個分>
製菓用米粉 30g　上新粉 20g　水 40～50cc　きび砂糖大さじ 1/2　自然塩ひとつまみ　こし餡 80g　湯適量　紫芋パウダー小さじ 2(同量の水で溶いておく)　かぼちゃパウダー小さじ 1（同量の水で溶いておく）　片栗粉・真挽粉(しんびき)各適量

<下準備>
❶鍋に湯を沸かし、せいろ、または蒸し器に硬く絞った布巾を敷き、その上にクッキングシートを敷く

<作り方>
❶こし餡は 20g ずつに分け、丸める
❷ボールに、製菓用米粉、上新粉、きび砂糖、自然塩を入れてよく混ぜ、耳たぶくらいのやわらかさになるよう、水を加えてよくこねる
❸湯を沸騰させ、②を 4 等分程度にちぎり、強火で 30 蒸す
❹蒸し上がったら 10g ずつ取り分け、水溶きかぼちゃパウダーを練りこみ、ボール、またはすり鉢に入れ、すりこぎに水を付けながら、よくつく
❺④を薄く伸ばし、星、月それぞれの型を使って 8 個型抜きする
❻残りの生地を一つにまとめ、水溶き紫芋パウダーを練りこみ、ボール、またはすり鉢に入れ、すりこぎに水を付けながら、よくつく
❼生地がなめらかになったら、片栗粉を打ち粉した台にのせる。ラップの上から 10cm × 20cmに伸ばし、さらに 10cm × 5cmにカットする
❽⑦に①のあんこを挟み、真挽粉を天の川に見立て、⑤の星、月形を彦星と織姫に見立てて飾る

フィリングはうぐいす豆の甘納豆。プレーン生地と抹茶生地をマーブル模様に、初夏の若草をイメージして米粉で作りました。抹茶生地を紫芋やかぼちゃにすれば、秋のおもてなし和菓子に最適です。

浮島・若草

<使用する道具>
⑬
<材料・・・⑬の型3台分>
A 卵黄2個分　きび砂糖10g　自然塩少々　白こしあん200g
　上新粉・製菓用米粉各15g　抹茶小さじ1（熱湯大さじ1で溶いておく）
B 卵白2個分　きび砂糖10g　自然塩ひとつまみ
C 甘納豆（うぐいす豆）適量

⑬ 浅井商店
ステンレスセルクル小判

<下準備>
❶流し缶（11㎝×15㎝）を用意し、クッキングシートを敷く
❷鍋に湯を沸かし、蒸す用意をしておく
❸卵白は使用するまで冷蔵庫で冷やす
❹抹茶は熱湯大さじ1で溶いておく

<作り方>
❶ボールに卵黄、きび砂糖、自然塩を入れ、白っぽくなるまでよく混ぜて白あんを加え、さらに混ぜる
❷上新粉と製菓用米粉を合わせ、①に加えてよく混ぜる
❸卵白に自然塩を加えて5分立てにし、きび砂糖を加えて7分立てのメレンゲを作る
❹②に③を一気に加え、さっくりと混ぜる
❺④の生地の1/6量を取り、熱湯で溶いた抹茶を加え、よく混ぜる
❻残りの④の生地にうぐいす豆の甘納豆を加え、さっくりと混ぜる
❼流し缶に⑥を1/3量入れる。さらに⑤の1/2量を入れ、マーブル模様にする。これをもう1回繰り返す
❽蒸気の上がった蒸し器で約40分蒸し、冷めたらセルクルで丁寧に抜く

Chapter 9 冷たいスイーツ

米粉を使った、冷たいスイーツを集めました。プリンやババロア、ムース、アイスクリームなど、子どもも大人も大好きなものばかり！　卵や乳製品は使用してないので、アレルギーのある方も安心して食べられますよ。

ポイント

1. 米粉を使った冷たいスイーツは、火を通して糊化し、とろみ付けするものがほとんど。糊化は鍋底の火に近いところから起こるので、絶えず鍋底から練るように混ぜることが大切です。こうすることで、とろみを均一につけることができます。

2. 最初は弱めの中火。沸騰してきたら弱火にしましょう。火のかけ始めはなかなか糊化しませんが、糊化は突然始まるので、注意が必要です。

3. 米粉などの粉類と水分を混ぜるときは、ゴムベラではなくホイッパーで混ぜましょう。米粉がダマになりにくく、濾す必要もありません。

4. レシピに粉寒天が入っている場合は、沸騰した後、底からフツフツと小さな泡が出ている状態を保って2分くらい練り上げましょう。寒天はしっかり火を通さないと溶けません。

5. 寒天は冷えると固まります。火を通すときは出来上がりの状態を意識して火を通しましょう。

> この章で使っているおすすめの米粉
> **どの米粉でも OK**

材料をすべて小鍋に入れ、ホイッパーで混ぜて火にかけるだけ！ 失敗しらずの米粉を使った簡単プリン。本書ではカスタードらしさを出すため、かぼちゃパウダーを使っていますが、なくてもＯＫ。甘さはお好みで調整を。

米粉カスタードプリン

<材料・・・ココット型 4 個分>

A
製菓用米粉　大さじ 2
かぼちゃパウダー　小さじ 1
粉寒天　小さじ 1/4 弱
きび砂糖　30g

B
無調整豆乳　400cc
自然塩　ひとつまみ
バニラオイル　少々

C
メープルシロップ　適量（お好みで）

<作り方>
❶小鍋にBのバニラオイル以外を入れる
❷①にAの材料をすべて入れ、ホイッパーでよく混ぜる
❸中火にかけ、ゴムベラで底から絶えず混ぜながら火を入れる
❹沸騰したら弱火にし、鍋底からフツフツと小さな泡が出る状態を保ちながら 2 分練る
❺火を止めてバニラオイルを数滴加え、混ぜる
❻型に入れ、粗熱が取れたら冷蔵庫で冷やし、固める
❼冷めたら好みでメープルシロップを加える

米粉カスタードプリンをアレンジした抹茶プリン。トッピングにあんこやホイップクリームをのせたり、黒蜜をかけてもおいしくいただけます。

抹茶プリン

<材料・・・プリンカップ 4 個分>
A
製菓用米粉大さじ 2
抹茶パウダー小さじ 2
粉寒天小さじ 1/4
きび砂糖 35g
B
無調整豆乳 400cc
自然塩ひとつまみ
C
豆乳ホイップクリーム・あんこ・ミントの葉各適量

<作り方>
❶小鍋にBの材料を入れる
❷①にAの材料をすべて入れ、ホイッパーでよく混ぜる
❸中火にかけ、ゴムベラで底から絶えず混ぜながら火を入れる
❹沸騰したら弱火にし、鍋底からフツフツと小さな泡が出る状態を保ちながら 2 分練る
❺型に入れ、粗熱が取れたら冷蔵庫で冷やし、固める
❻冷めたら好みで豆乳ホイップクリームやあんこ、ミントの葉を飾る

❾冷たいスイーツ

卵・乳製品フリー

ココナッツミルクを使った濃厚なババロアです。トッピングにパイナップルのジュレのせ、南国風に仕上げました。型に入れる前にホイッパーで生地に泡を含ませると、ババロア風の食感になりますよ。

ココナッツミルクのパイナップルババロア

<材料・・・プリンカップ4個分>
A
製菓用米粉大さじ3　粉寒天小さじ1/4　きび砂糖大さじ2
B
ココナッツミルク100g　無調整豆乳50g　水150g　自然塩ひとつまみ
C
パイナップル正味200g　ストレートパイナップルジュース50g　水50g
きび砂糖大さじ1/2　粉寒天小さじ1/8　自然塩ひとつまみ　ミントの葉適量

<作り方>
❶小鍋にBの材料をすべて入れる
❷①にAの材料をすべて入れ、ホイッパーでよく混ぜる
❸中火にかけ、ゴムベラで底から絶えず混ぜながら火を入れる
❹沸騰したら弱火にし、鍋底からフツフツと小さな泡が出る状態を保ちながら2分練る
❺ホイッパーで空気（泡）を含ませるように混ぜる
❻型に入れ、粗熱が取れたら冷蔵庫で冷やし、固める
❼パイナップルは小さく切り、鍋にミントの葉以外のCの材料をすべて入れ、中火にかける。沸騰したら弱火にし、寒天が溶けるまで約2分、ゴムベラで混ぜながら火を通す。バットに移して冷やし、固める
❽⑦が固まったらフォークで崩し、⑥にのせ、ミントを飾る

完熟トマトのコンフィチュールをプリン生地に混ぜ込んだ、爽やかなプリン。トマトを使っているのに和風な味に仕上がります。トマトコンフィチュールは、パンケーキやスコーンにも合うので、多めに作ってストックするといいですよ！

トマトコンフィチュールの爽やかプリン

<材料・・・プリンカップ4個分>
＊豆乳プリン＊
A 製菓用米粉大さじ1　粉寒天小さじ1/8弱　きび砂糖10g
B 無調整豆乳200cc　自然塩ひとつまみ　バニラオイル数滴

＊トマトコンフィチュールプリン＊
C トマト100g　きび砂糖30g　レモン汁小さじ1/2
D 製菓用米粉大さじ1　粉寒天小さじ1/8弱　きび砂糖10g
E 無調整豆乳200cc　自然塩ひとつまみ　①のトマトコンフィチュール60g

<作り方>
❶トマトコンフィチュールを作る
トマトは湯むきし、皮と種を取り除いて1cm角に切る。鍋にトマトときび砂糖を入れて火にかけ、アクを取りながら果汁がポタっと落ちるくらいまで煮詰める。レモン汁を入れてひと煮立ちさせ、粗熱をとり、冷ます

❷豆乳プリンを作る
小鍋にBのバニラオイル以外を入れてさっと混ぜ、Aの材料をすべて加えてホイッパーでよく混ぜる。中火にかけ、ゴムベラで底から絶えず混ぜながら火を入れる。沸騰したら弱火にし、鍋底からフツフツと泡が出る状態を保ちながら2分練る。火を止めてバニラオイルを数滴加えて混ぜ、型に入れる。粗熱がとれたら冷蔵庫で冷やし、固める

❸トマトコンフィチュールプリンを作る
②の豆乳プリンが固まったら、鍋にD,Eの材料をすべて入れ、ホイッパーでよく混ぜる。中火にかけ、ゴムベラで底から絶えず混ぜながら火を入れる。沸騰したら弱火にし、鍋底からフツフツと泡が出る状態を保ちながら2分練る。②の上に静かに入れ、粗熱が取れたら冷蔵庫で冷やして固め、プチトマトを飾る

❾冷たいスイーツ

ストレートオレンジジュースと豆乳の組み合わせが夏にぴったりの冷たいスイーツ。水溶きくず粉を使い、ムース風に仕上げました。作り方も簡単なので、気軽に挑戦してみて。

米粉を使用したアイスは、伸びが特徴のトルコアイスのような食感。一般的なアイスに比べて身体を冷やしません。3種の味を楽しんで！

オレンジヨーグルト風ムース

<材料・・・作りやすい量>
A ストレートオレンジジュース 170cc　無調整豆乳 130cc　きび砂糖大さじ 1 と 1/2 ～ 2　自然塩ひとつまみ　製菓用米粉小さじ 1　寒天パウダー小さじ 1/4
B くず粉 5g　水大さじ 1/2
C ミント・皮むきオレンジなどのフルーツ 各適量

<作り方>
❶鍋に A の材料をすべて入れてよく混ぜ、中火にかける。沸騰したら弱火にし、フツフツとした状態を保って 2 分間。ゴムベラで常に混ぜ、火を通す。
❷B は固まりやすくず粉が沈殿しないようによく混ぜ、①に少しずつ入れる。さらに混ぜながら 1 分、火を通す。
❸耐熱のカップや流し缶に入れて粗熱を取り、冷蔵庫で冷やし、固める。
❹器に盛り、C を飾る

3 種のトルコアイス風もっちり豆乳米粉アイスクリーム

<材料・・・作りやすい量>
＊あっさり豆乳バニラアイス＊
A 無調整豆乳 200cc　きび砂糖・製菓用米粉 20g　自然塩ひとつまみ　バニラオイル
＊ちょっぴり濃厚豆乳チョコアイス＊
A 無調整豆乳 150cc　きび砂糖 40g　自然塩ひとつまみ　無糖ココア大さじ 1　製菓用米粉 20g　豆乳ホイップクリーム　50g（ホイップを入れない場合は無調整豆乳 50cc）
＊小豆の豆乳抹茶アイス＊
A 無調整豆乳 150cc　きび砂糖 30g　自然塩ひとつまみ　抹茶小さじ 2　製菓用米粉 20g　甘納豆　大さじ 3　豆乳ホイップクリーム 50g（ホイップを入れない場合は無調整豆乳 50cc）

<作り方>
❶鍋に A の材料をすべて入れ、ホイッパーでよく混ぜる　❷ゴムベラで絶えず混ぜながら、ダマにならないよう、とろとろになるまで中火にかける　❸タッパーなどの保存容器に入れ、粗熱を取る　＊豆乳ホイップクリームや甘納豆などのフィリングを入れるときは、しっかり粗熱を取り、混ぜる　❹冷凍庫で 90 分冷やす
❺フードプロセッサーに④を入れて撹拌し、再びタッパーに入れて冷凍庫で 2 時間以上冷やす　❻器に盛りつける

Chapter 10 グルテンフリー米粉パン

　グルテンフリーの米粉パンは、お米のおいしさを味わえて、和洋中どんなお惣菜にも合うすぐれもの。
　数年前まで、米粉でパンは作れないと言われていました。けれども今は、多くの方が米粉でパンを作るようになり、米粉の教室も増えました。それもこれも、米粉パンに適した米粉や粉砕方法など、米農家をはじめ、米粉メーカー、製粉機械製造会社が技術革新をしてくださったおかげです。また、小麦アレルギーやグルテン過敏症、セリアック病など、グルテン摂取が身体に影響を与える方々にとっても、パンが食べられるようになったことは幸せなことです。本書を読んで、小麦のパン同様、ふんわりおいしい米粉パンを楽しんでいただけたら幸いです。

 米粉でパンが作れるようになったとは言っても、扱いが難しい米粉。どんな米粉でも作れるというわけではありません。失敗しないためのポイントを何度も読み込んで、文字通り「もう失敗しない米粉パン」に挑戦しましょう！

1　米粉の粒度に注意！　粒子が細かい米粉だからと言って、パンが作れるわけではありません。

2　米粉のでんぷん損傷率に注意！　でんぷん損傷が高いと膨らみません。

3　アミロース含有量に注意！　日本のお米のアミロース含有量は16〜25％程度です。低すぎるとパンの形を保てず、高すぎるとパサパサした米粉パンになります。

4　米粉パンで失敗しない秘訣は、1〜3の条件を満たし、かつ、多少の水分量の違いではほとんど失敗しない米粉を使うこと。これに限ります！

5　酵母は、きちんと起こしましょう。本書で使用しているのは「白神こだま酵母」。ドライタイプの酵母で、発酵力も高く、おいしく仕上がります。酵母起こしをしてから使用しますが、このときぬるま湯でしっかり酵母を起こすことが大切です（酵母は50℃以上で死滅するため、温度はきちんと守りましょう）

6　発酵に注意！　きちんと発酵するには、酵母が元気よく働く環境が必要です。温度が高すぎるのはNG. 過発酵になったり、酵母臭が残ったパンになります。また、本書で記載している発酵時間は目安です。冬場など、発酵温度や湿度が低すぎると時間がかかるので、季節に応じて発酵時間を調整しましょう。

7　焼成の際は、アルミホイルで型を覆って低めの温度から徐々に温度を上げていきましょう。小麦のパンのようにいきなり高温で焼成し始めると、クラフトの固い、見た目もあまり美しくないパンになってしまいます。また、アルミホイルで覆う際は、パン生地にオーブンの熱風が当たらないよう、しっかりすき間なく覆うことが必須です。

8　焼成後はすぐに型から外し、アルミホイルですき間なくぴっちり包みましょう（すき間があるとすき間部分に蒸気の水分が溜まり、パン生地がベチャっとなります）。パンの蒸気が中に閉じ込められ、ふんわりとおいしいパンに仕上がります。

9　パンを切るのは完全に冷めてから。焼成後すぐだと、パン生地が落ち着いていないので、きれいにカットできません。

10　長期保存は必ず冷凍庫で！　米粉の加工品は冷蔵庫保存では固くなります。必ずアルミホイルで巻き、保存袋（ジップロックなど）に入れて冷凍庫に入れましょう（通常は、焼成後2日間は常温保存できます）。

❿ グルテンフリー米粉パン

この章で使っているおすすめの米粉

熊本製粉「パン用米粉 ミズホチカラ」

サラ秋田白神 「マイベイクフラワー」

富澤商店 「製パン用米粉」

この章で使っている道具

⑭馬嶋屋菓子道具店
ミニ食パン型　16cm

※レシピによっては、米粉の生地がゆるく漏れ出る場合があります。取り扱いには十分注意しましょう。

⑮富澤商店
アルミマドレーヌ　7号

⑯かっぱ橋　浅井商店
IFトレー　小判 170X65

⑰かっぱ橋　浅井商店
アルタイト食パン型 12cm
正角型 1斤 フタ付

⑩ グルテンフリー米粉パン

卵・乳製品フリー

基本の米粉100%の食パン

まずは、基本の米粉100%のプレーンパンをマスターしましょう。基本が完璧に作れるようになると、本書で紹介するアレンジパンはすべて簡単に作れます。雑味のない米粉のおいしさを味わえるパン。和洋中どんなお惣菜にも合うパンを楽しんで下さい。

<使用する道具>
⑭

<材料・・・⑭の型 1 台分>
白神こだま酵母 2g　ぬるま湯（35〜40℃程度）10g
パン用米粉 ミズホチカラ 100g　きび砂糖 6g　自然塩 1.5g
ぬるま湯 75cc〜（35〜40℃程度）※米粉の保存状態・その日の気温、湿度、季節により調整してください　こめ油　5g

<下準備>
ハケで型に薄くこめ油を塗り、型ぴったりにクッキングシートを敷く

<作り方>
1　酵母を起こす

35〜40℃のぬるま湯に、白神こだま酵母をふり入れ、温かいところに5分ほど置く（酵母がぷくぷくとなっているのを確認する）

2　生地を作る
ボールにパン用米粉 ミズホチカラ、きび砂糖、自然塩を入れ、よく混ぜる

1の酵母液とぬるま湯 75g〜を加え、ゴムベラで混ぜる

もし、少し生地がかたいようなら、ぬるま湯を小さじ1/2くらいずつ足して調整しましょう

粉と水分が混ざったら、こめ油を加える

約5分、生地につやが出るまでよく混ぜる

3　発酵させる

型に生地を入れてラップできっちり覆い（発酵中の乾燥を防ぐため）、35〜40℃の環境で約30分〜、型の上から1cmのところまで発酵させる（発酵器やオーブンの発酵機能を使用するとやりやすくなります）

4　焼成する
発酵が終わるタイミングでオーブンを160℃に予熱する。

生地が型から1cmのところまで発酵が完了したら、ラップをとる。型をアルミホイルでドーム状に覆い、オーブンの熱風が入らないように、また、すき間や穴が開かないように密着させる。160℃に予熱したオーブンで8分、オーブンに型をいれたまま200℃まで温度を上げ、12分経ったらアルミホイルを外し、さらに200℃できれいな焼き色がつくまで約10〜15分焼成

5　仕上げる
焼成が完了したら、すぐに型から取り出し、なるべく早くアルミホイルですき間なく包む。完全に冷めてから好みの枚数にカットする

❿ グルテンフリー米粉パン

生地に、あめ色に炒めた玉ねぎを混ぜ込んだ米粉のオニオンブレッド。ワインにもよく合います。水分の多い新玉ねぎではなく、一年中手に入る玉ねぎを使って、水分を飛ばすようによく炒めるのがポイント。プロセスチーズをフィリングに、とろけるチーズをトッピングしてもおいしくいただけます。

卵・乳製品フリー

米粉 100％のオニオンブレッド

＜使用する道具＞ ⑭

＜材料・・・⑭の型 1 台分＞
白神こだま酵母 2g　ぬるま湯（35 ～ 40℃程度）10g　パン用米粉 ミズホチカラ 85g　きび砂糖 6g　自然塩 1.3g　ぬるま湯（35 ～ 40℃程度）60g ～※米粉の保存状態、その日の気温、湿度、季節により調整してください　こめ油 3g　玉ねぎ（中）1 個　こめ油適量　豆乳マヨネーズ・パセリ各適量

＜下準備＞
❶ハケで型に薄くこめ油を塗り、型ぴったりにクッキングシートを敷く　❷玉ねぎは薄く切り、あめ色になるまで水分を飛ばすように炒め、塩、こしょう少々で調味。冷ます

＜作り方＞
❶酵母を起こす
35 ～ 40℃のぬるま湯に、白神こだま酵母をふり入れ、温かいところに 5 分ほど置く（酵母がぷくぷくとなっているのを確認する）

❷生地を作る
ボールにパン用米粉 ミズホチカラ、きび砂糖、自然塩を入れ、よく混ぜる。①の酵母液とぬるま湯 60g ～を加え、ゴムベラで混ぜる（このとき、少し生地がかたいようなら、ぬるま湯を小さじ 1/2 くらいずつ足して調整を）。粉と水分が混ざったら、こめ油を加え、約 5 分、生地につやが出るまでよく混ぜる。炒め玉ねぎ 2/3 量を生地に加え、さらによく混ぜる

❸発酵させる
型に生地を入れてラップできっちり覆い（発酵中の乾燥を防ぐため）、35 ～ 40℃の環境で約 40 分～、型の上から 1㎝のところまで発酵させる（発酵器やオーブンの発酵機能を使用するとやりやすくなります）

❹焼成する
発酵が終わるタイミングでオーブンを 160℃に予熱する。生地が型の上から 1㎝のところまで発酵が完了したら、ラップをとる。型をアルミホイルでドーム状に覆い、オーブンの熱風が入らないように、また、すき間や穴が開かないように密着させる。160℃に予熱したオーブンで 8 分、オーブンに型をいれたまま 200℃まで温度を上げる。12 分経ったらアルミホイルを外し、残りの炒め玉ねぎをのせ、豆乳マヨネーズとパセリを飾り、200℃で焼き色がつくまで約 10 分焼成

❺仕上げる
焼成が完了したら、すぐに型から取り出し、なるべく早くアルミホイルですき間なく包む。完全に冷めてから好みの枚数にカットする

基本の米粉100％生地に、炒めた玉ねぎとカレー粉をプラス。食欲をそそるスパイシーなカレーパンに仕上げました。小さな子どもにはカレー粉の量を調整して、食べやすくしてあげてくださいね。

卵・乳製品フリー

⓾ グルテンフリー米粉パン

米粉100％のスパイシーカレーパン

＜使用する道具＞　⑭
＜材料・・・⑭の型1台分＞
白神こだま酵母 2g　ぬるま湯（35〜40℃程度）10g　パン用米粉 ミズホチカラ 85g
きび砂糖 6g　自然塩 1.5g　ぬるま湯（35〜40℃程度）60g〜（米粉の保存状態、その日の気温、湿度、季節により調整してください）　こめ油 3g　カレー粉小さじ1強　玉ねぎ（中）1/2個
こめ油適量

＜下準備＞
❶ハケで型に薄くこめ油を塗り、型ぴったりにクッキングシートを敷く　❷玉ねぎは薄く切り、あめ色になるまで水分を飛ばすように炒め、塩、こしょう少々で調味。冷ます

＜作り方＞
❶酵母を起こす
35〜40℃のぬるま湯に、白神こだま酵母をふり入れ、温かいところに5分ほど置く（酵母がぷくぷくとなっているのを確認する）

❷生地を作る
ボールにパン用米粉 ミズホチカラ、きび砂糖、自然塩を入れ、よく混ぜる。①の酵母液とぬるま湯60g〜を加え、ゴムベラで混ぜる（このとき、少し生地がかたいようなら、ぬるま湯を小さじ1/2くらいずつ足して調整を）。粉と水分が混ざったら、こめ油を加え、約5分、生地につやが出るまでよく混ぜる。炒め玉ねぎとカレー粉を生地に加え、さらによく混ぜる

❸発酵させる
型に生地を入れてラップできっちり覆い（発酵中の乾燥を防ぐため）、35〜40℃の環境で約40分〜、型の上から1cmのところまで発酵させる（発酵器やオーブンの発酵機能を使用するとやりやすくなります）

❹焼成する
発酵が終わるタイミングでオーブンを160℃に予熱する。生地が型の上から1cmのところまで発酵が完了したら、ラップをとる。型をアルミホイルでドーム状に覆い、オーブンの熱風が入らないように、また、すき間や穴が開かないように密着させる。160℃に予熱したオーブンで8分、オーブンに型をいれたまま200℃まで温度を上げ、12分経ったらアルミホイルを外し、200℃できれいな焼き色がつくまで約10〜15分焼成

❺仕上げる
焼成が完了したら、すぐに型から取り出し、なるべく早くアルミホイルですき間なく包む。完全に冷めてから好みの枚数にカットする

基本の米粉100％生地に、コーヒーペーストをまばらに入れ、竹串でマーブル模様を入れました。ちょっぴり大人な米粉パンの出来上がりです。

卵・乳製品フリー

米粉100％のコーヒーマーブルパン

＜使用する道具＞
⑭

＜材料・・・⑭の型1台分＞
白神こだま酵母2g　ぬるま湯（35〜40℃程度）10g　パン用米粉 ミズホチカラ 100g
きび砂糖6g　自然塩1.5g　ぬるま湯（35〜40℃程度）75g〜（米粉の保存状態、その日の気温、湿度、季節により調整してください）　こめ油5g
＊コーヒーペースト＊
オーガニックカフェインフリーインスタントコーヒー大さじ1　ぬるま湯5g
きび砂糖10g

＜下準備＞
❶ハケで型に薄くこめ油を塗り、型ぴったりにクッキングシートを敷く
❷インスタントコーヒーにきび砂糖を加え、ぬるま湯5gで溶き、コーヒーペーストを作る

＜作り方＞
❶酵母を起こす
35〜40℃のぬるま湯に、白神こだま酵母をふり入れ、温かいところに5分ほど置く（酵母がぷくぷくとなっているのを確認する）
❷生地を作る
ボールにパン用米粉 ミズホチカラ、きび砂糖、自然塩を入れ、よく混ぜる。①の酵母液とぬるま湯75g〜を加え、ゴムベラで混ぜる。もし、少し生地がかたいようなら、ぬるま湯を小さじ1/2くらいずつ足して調整する。粉と水分が混ざったら、こめ油を加える。約5分、生地につやが出るまでよく混ぜる
❸発酵させる
型に生地の1/3量を入れ、コーヒーペーストをまばらに点で入れ、竹串でマーブル模様を作る（これを2回繰り返す）。ラップできっちり覆い（発酵中の乾燥を防ぐため）、35〜40℃の環境で約30分〜、型の上から1cmのところまで発酵させる（発酵器やオーブンの発酵機能を使用するとやりやすくなります）
❹〜❺基本の米粉100食パンに同じ

発酵させて作る米粉100％の蒸しパンは、ほんわかしていてふっくらおいしい、女性と子どもに人気の蒸しパンです。豚の角煮やチャーシューをサンドして、お料理系に。また、辛子を効かせて食べるのも、意外な組み合わせですがおいしいですよ。

⓾ グルテンフリー米粉パン

米粉100％の黒糖蒸しパン

＜使用する道具＞
⑭

＜材料・・・⑭の型1台分＞
白神こだま酵母 2g　ぬるま湯（35〜40℃程度）10g　パン用米粉 ミズホチカラ 100g　黒糖 15g　自然塩 1.5g　ぬるま湯（35〜40℃程度）75g〜※米粉の保存状態、その日の気温、湿度、季節により調整してください）　こめ油 5g

＜下準備＞
ハケで型に薄くこめ油を塗り、型ぴったりにクッキングシートを敷く

＜作り方＞
❶ 35〜40℃のぬるま湯に、白神こだま酵母をふり入れ、温かいところに5分ほど置く（酵母がぷくぷくとなっているのを確認する）
❷生地を作る
ボールにパン用米粉 ミズホチカラ、黒糖、自然塩を入れ、よく混ぜる。①の酵母液とぬるま湯75g〜を加え、ゴムベラで混ぜる（このとき、少し生地がかたいようなら、ぬるま湯を小さじ1/2 くらいずつ足して調整を）。粉と水分が混ざったら、こめ油を加え、約5分、生地につやが出るまでよく混ぜる
❸発酵させる
型に生地を入れてラップできっちり覆い（発酵中の乾燥を防ぐため）、35〜40℃の環境で約30分〜、型の上から1cmのところまで発酵させる（発酵器やオーブンの発酵機能を使用するとやりやすくなります）
❹蒸す
鍋、または蒸し器にたっぷりの湯を沸かす。ラップを外し、せいろ、または蒸し器に型ごと入れ、弱めの強火で20分蒸す（蒸し器の場合は、蓋についた水滴が落ちてこないように、蓋を布巾で包む）
❺仕上げる
蒸し終わったら型から取り出し、クッキングシートを外す。ケーキクーラーの上で粗熱を取り、アルミホイルに包む（蒸しパンは、蒸気をたっぷり吸っているので、蒸したあとすぐにアルミホイルで包むとべったりとなるため、蒸した後は必ず粗熱を取りましょう）

卵・乳製品フリー

下焼きしないで作る、ふんわりモッチリ食感の米粉100％ピザ。トッピングにのせる具材は、水分の多いものだと生地がねっとりするので、具材選びは慎重に。材料を混ぜるだけでOKの「手作りピザソース」は、米粉パンに塗って具材をのせ、トーストすれば、簡単にピザトーストになりますよ。

米粉100%のピザ

＜材料・・・4人分＞
白神こだま酵母 3g　ぬるま湯 15g　パン用米粉 ミズホチカラ 150g　熱湯（100℃に近い熱湯）60g　きび砂糖・自然塩 3g
ぬるま湯（35〜40℃程度）50g〜（米粉の保存状態・その日の気温、湿度、季節により調整してください）　こめ油 5g

＊ピザソース＊
有機ケチャップ大さじ4　すりおろしにんにく1/2片分（小さめのにんにく）
イタリアンハーブミックス小さじ1/2　自然塩小さじ1/8　粗びき黒こしょう少々

＊具材＊
玉ねぎ（中1個分）8mm角の角切り　しめじ1パック　粒コーン適量
豆乳マヨネーズ適量

＜下準備＞
❶天板にクッキングシートを敷いておく

＜作り方＞
❶酵母を起こす
35〜40℃のぬるま湯に、白神こだま酵母を振り入れ、温かいところに5分ほど置く（酵母がぷくぷくとなっているのを確認する
❷生地を作る
ボールにパン用米粉 ミズホチカラ、きび砂糖、自然塩を入れてよく混ぜ、中心をくぼませる。くぼみの周辺に熱湯を加えてゴムベラでよく混ぜ、手で触れるようになったら熱湯のかかっていない粉を合わせる。手のひらですり合わせ、ポロポロの状態にする。酵母液とぬるま湯を加えてゴムベラで混ぜ、粉と水分が混ざったらこめ油を加える。約5分、生地につやが出るまでよく混ぜる
❸発酵させる
天板に生地を流し込む（自然と丸くなるぐらいの生地の状態が望ましい）。生地がくっつかないようにラップで天板を覆い、35〜40℃の環境で30分〜、生地がふっくらと1.5倍くらいになるまで発酵させる
❹焼成する
発酵が終わるタイミングでオーブンを210℃に予熱する。発酵し終わったら、生地にピザソースを塗り、具材をのせ、豆乳マヨネーズをかけて18〜22分焼成する（途中、野菜が焦げそうな場合は、ふんわりとアルミホイルをかぶせてください）

❿ グルテンフリー米粉パン

子どもたちが大好きなツナ・マヨ＆ソーセージの惣菜パンを、米粉100％で作ります。作り方は、基本の米粉100％パンと同じ。ツナ・マヨ＆ソーセージソのほか、ポテトサラダや子どもの好きな具材をのせて、いろいろな味を楽しんでください。

卵・乳製品フリー

米粉100％のツナ・マヨ＆ソーセージパン

<使用する道具>
⑮
<材料・・・⑮の型4台分>
白神こだま酵母2g　ぬるま湯（35〜40℃程度）10g　パン用米粉 ミズホチカラ100g
きび砂糖6g　自然塩1.5g　ぬるま湯（35〜40℃程度）75g〜（米粉の保存状態、その日の気温、湿度、季節により調整してください）　こめ油5g
＊ツナ・マヨ＊
ノンオイルツナー缶　粒コーン・豆乳マヨネーズ各適量
＊ソーセージ＊
オーガニック・ソーセージ（小さめ）2本　ケチャップ・豆乳マヨネーズ各適量
<下準備>
❶ツナは水分を切り、粒コーンと合わせ、豆乳マヨネーズを加えてあえておく
❷ソーセージは片面に切り込みを入れておく
<作り方>
❶〜❷ 基本の米粉100％パンに同じ
❸発酵させる
ペットカップ4個に生地を約45gずつ入れ、深めのステンレスバットに型ごと入れ、ラップできっちり覆う（発酵中の乾燥を防ぐため）。35〜40度の環境で約30分〜、型の上から1cmのところまで発酵させる（発酵器やオーブンの発酵機能を使用するとやりやすくなります）
❹焼成する
発酵が終わるタイミングでオーブンを160℃に予熱する。生地が型の上から1cmのところまで発酵が完了したら、ラップをとる。発酵後の生地にツナマヨやソーセージを静かにのせ、その上にケチャップや豆乳マヨネーズをかける。バットをアルミホイルで覆い、オーブンの熱風が入らないように、また、すき間や穴が開かないように密着させる。160℃に予熱したオーブンで8分、オーブンに型をいれたまま200℃まで温度を上げ、10分経ったらアルミホイルを外し、200℃できれいな焼き色がつくまで約8〜10分焼成
❺仕上げる
焼成が完了したら、すぐにバットから取り出し、なるべく早くアルミホイルですき間なく包む。

米粉100％のドッグパン。生地がとろとろなので、焼成はドッグパン用の型を使います。キャベツの塩もみやソーセージをサンドして、豪快にかぶりついて！

米粉100％のホットドッグ

<使用する道具> ⑯
<材料・・・⑯の型2台分>
白神こだま酵母2g　ぬるま湯（35～40℃程度）10g　パン用米粉 ミズホチカラ 100g
きび砂糖6g　自然塩1.5g　ぬるま湯（35～40℃程度）75g～（米粉の保存状態・その日の気温、湿度、季節により調整してください）　こめ油5g
＊トッピング＊
キャベツの塩もみ適量　オーガニック・ソーセージ（小さめ）4本
ケチャップ・豆乳マヨネーズ・マスタード各適量
<下準備>
❶型に薄く油を塗っておく　❷ソーセージは片面に切り込みを入れ、フライパンで炒め、キャベツ適量は塩もみし、水分をきる
<作り方>
❶酵母を起こす
＊35～40℃のぬるま湯に、白神こだま酵母をふり入れ、温かいところに5分ほど置く（酵母がぷくぷくとなっているのを確認する）
❷生地を作る
ボールにパン用米粉 ミズホチカラ、きび砂糖、自然塩を入れ、よく混ぜる。1の酵母液とぬるま湯75g～を加え、ゴムベラで混ぜる（もし、少し生地がかたいようなら、ぬるま湯を小さじ1/2くらいずつ足して調整しましょう）。粉と水分が混ざったら、こめ油を加える。約5分、生地につやがでるまでよく混ぜる
❸発酵させる
型に生地を約100gずつ入れてラップできっちり覆い（発酵中の乾燥を防ぐため）、35～40℃の環境で約30分～、型の上から1cmのところまで発酵させる（発酵器やオーブンの発酵機能を使用するとやりやすくなります）
❹焼成する
発酵が終わるタイミングでオーブンを160℃に予熱する。生地が型の上から1cmのところまで発酵が完了したら、ラップをとる。型をアルミホイルでドーム状に覆い、オーブンの熱風が入らないように、また、すき間や穴が開かないように密着させる。160℃に予熱したオーブンで10分、オーブンに型を入れたまま190℃まで温度を上げ、8分経ったらアルミホイルを外し、190℃できれいな焼き色がつくまで約10～13分焼成
❺仕上げる
焼成が完了したら、すぐに型から取り出し、なるべく早くアルミホイルですき間なく包む。完全に冷めたらドッグパンの中央に切り込みを入れ、キャベツの塩もみ、ソーセージを挟み、ケチャップ、豆乳マヨネーズ、マスタードをかける

❿ グルテンフリー米粉パン

米粉100％の食パンを、豆乳を使ってリッチな生地に仕上げました。「基本の米粉100％食パン」とはまた違った、濃厚な味わいが特徴です。グラタンやカレー、クリームシチューと合わせると、よりリッチな味わいが引き立ちます。

米粉100％のリッチ生地の米粉パン

＜使用する道具＞　⑭
＜材料・・・⑭の型1台分＞
白神こだま酵母 2g　ぬるま湯（35～40℃程度）10g　パン用米粉 ミズホチカラ 100g　きび砂糖 6g　自然塩 1.5g　無調整豆乳（35～40℃程度に温める）40g　ぬるま湯（35～40℃程度）35g～（米粉の保存状態・その日の気温、湿度、季節により調整してください）　こめ油　5g

＜下準備＞
❶ハケで型に薄くこめ油を塗り、クッキングシートを型ピッタリに敷く
❷無調整豆乳は温め、ぬるま湯と混ぜておく

＜作り方＞
❶酵母を起こす
35～40℃のぬるま湯 10g に、白神こだま酵母をふり入れ、温かいところに5分ほど置く（酵母がぷくぷくとなっているのを確認する）

❷生地を作る
ボールにパン用米粉 ミズホチカラ、きび砂糖、自然塩を入れ、よく混ぜる。①の酵母液と無調整豆乳、ぬるま湯を混ぜた仕込み水 75g～を加え、ゴムベラで混ぜる（もし、少し生地がかたいようなら、ぬるま湯を小さじ 1/2 くらいずつ足して調整しましょう）。粉と水分が混ざったら、こめ油を加える。約5分、生地につやが出るまでよく混ぜる

❸発酵させる
型に生地を入れてラップできっちり覆い（発酵中の乾燥を防ぐため）、35～40℃の環境で約30分～、型の上から 1cm のところまで発酵させる（発酵器やオーブンの発酵機能を使用するとやりやすくなります）

❹焼成する
発酵が終わるタイミングでオーブンを 160℃に予熱する。生地が型の上から 1cm のところまで発酵が完了したら、ラップをとる。型をアルミホイルでドーム状に覆い、オーブンの熱風が入らないように、また、すき間や穴が開かないように密着させる。160℃に予熱したオーブンで8分、オーブンに型を入れたまま 200℃まで温度を上げ、12分経ったらアルミホイルを外し、200℃できれいな焼き色がつくまで約10～15分焼成

❺仕上げる
焼成が完了したら、すぐに型から取り出し、なるべく早くアルミホイルですき間なく包む。完全に冷めてから好みの枚数にカットする

イタリア・ナポリの郷土料理「ゼッポリーネ」は、ピザ生地に青のりを入れ、油で揚げたパン。そのゼッポリーネを、米粉100%で作りました。青のりと、ほんのり後をひく塩味は、アルコールとの相性もバッチリ。大人はおつまみに、子どもはおやつに。どの世代も幅広くおいしくいただけます。

卵・乳製品フリー

❿ グルテンフリー米粉パン

米粉100%のゼッポリーネ

＜材料・・・作りやすい量＞
白神こだま酵母 3g
ぬるま湯（35～40℃程度）15g
パン用米粉 ミズホチカラ 100g
富澤商店製パン用米粉 50g
きび砂糖 6g
自然塩小さじ1/4

ぬるま湯（35～40℃程度）110g～
みりん小さじ1/2
乾燥青のり大さじ1と1/2
揚げ油・岩塩 各適量

＜下準備＞
みりん小さじ1/2は、水110g～と混ぜておく
＜作り方＞
❶酵母を起こす
35～40℃のぬるま湯10gに、白神こだま酵母をふり入れ、温かいところに5分ほど置く（酵母がぷくぷくとなっているのを確認する）
❷生地を作る
ボールにパン用米粉 ミズホチカラ、富澤商店製パン用米粉、きび砂糖、自然塩を入れ、よく混ぜる。①の酵母液とぬるま湯、みりんを混ぜた仕込み水110g～を加え、ゴムベラで混ぜる。もし、少し生地がかたいようなら、ぬるま湯を小さじ1/2くらいずつ足して調整しましょう。粉と水分が混ざったら、こめ油を加える。約5分、生地につやが出るまでよく混ぜる。青のりを加え、全体をよく混ぜる
❸発酵させる
生地が入ったボールをラップできっちり覆い（発酵中の乾燥を防ぐため）、35～40℃の環境で約30分～、生地がふっくらと1.5倍になるまで発酵させる
❹スプーンで一口大に成形し、180℃の油に落とし入れ、外側がカリッとなるまで揚げる
❺油をきって器に盛り付け、岩塩少々をふる

卵・乳製品フリー

一斤型で大きく焼いた米粉パン。米粉100%でも作れますが、タピオカ粉を副材料としてブレンドすると、柔らかさやふんわり感、窯伸びがアップ！ 誰からも愛されるパンに仕上がります。また、タピオカ粉を配合することに加え、米粉も特徴の違う2種類をブレンドしました。
一斤型などの大きいサイズで焼く場合は、これまでのように1回の発酵ではなく、1次発酵→ガス抜き→仕上げ発酵と2回行う方が、より滑らかでキメの細かい米粉パンになります。

一斤型グルテンフリー米粉パン

<使用する道具>
⑰

<材料・・・⑰の型1台分>
白神こだま酵母 6g　ぬるま湯（35〜40℃程度）30g
パン用米粉 ミズホチカラ 200g　マイベイクフラワー 70g
タピオカ粉 30g　きび砂糖 18g　自然塩 4.5g　ぬるま湯（35〜40℃程度）220g〜（米粉の保存状態・その日の気温、湿度、季節により調整してください）　こめ油 15g

<下準備>
❶ハケで型に薄くこめ油を塗り、型ぴったりにクッキングシートを敷く

<作り方>
❶酵母を起こす
35〜40℃のぬるま湯10ccに、白神こだま酵母をふり入れ、温かいところに5分ほど置く（酵母がぷくぷくとなっているのを確認する）
❷生地を作る
ボールにパン用米粉 ミズホチカラ、マイベイクフラワー、タピオカ粉、きび砂糖、自然塩を入れ、よく混ぜる。①の酵母液とぬるま湯220g〜を加え、ゴムベラで混ぜる（もし、少し生地がかたいようなら、ぬるま湯を小さじ1/2くらいずつ足して調整しましょう。粉と水分が混ざったら、こめ油を加える。約3分、生地につやが出るまでハンドミキサーでよく混ぜる。
❸1次発酵させる
生地が入ったボールをラップできっちり覆い（発酵中の乾燥を防ぐため）、35〜40℃の環境で約20〜25分発酵させる（発酵器やオーブンの発酵機能を使用するとやりやすくなります）
❹ガス抜きをする
ぷっくりと気泡を含んだ生地を、気泡を潰すようにゴムベラで混ぜてガス抜きをし、さらに2分ほど混ぜる
❺仕上げ発酵させる
1斤型に生地を入れ、ラップでぴっちり覆う。35〜40℃の環境で約30分〜、型から1cmくらいのところまで発酵させる
❻焼成する
発酵が終わるタイミングでオーブンを160℃に予熱する。生地が型の上から1cmのところまで発酵が完了したら、ラップをとる。型にクッキングシートをはさみ、蓋をする。160℃に予熱したオーブンで10分、オーブンに型を入れたまま200℃まで温度を上げ、20分経ったらアルミホイルを外し、さらに200℃できれいな焼き色がつくまで約15〜20分焼成
❼仕上げる
焼成が完了したら、すぐに型から取り出し、なるべく早くアルミホイルですき間なく包む。完全に冷めてから好みの枚数にカットする

卵・乳製品あり

1斤型グルテンフリー米粉パンを使って、サンドイッチを作ります。関東風の卵サラダをはさんだ「卵サンド」、色鮮やかな人参をたっぷり使った「キャロット・ラペサンド」、関西風の厚焼き玉子をはさんだ「厚焼き玉子サンド」の3品を紹介します。このほかにも好きな具をはさんで、さまざまな米粉パンサンドイッチを作ってくださいね。

米粉パンのサンドイッチ3種

<材料>
グルテンフリー米粉角食パン（8枚切り） 1斤分（6枚）

＊卵サンド＊
茹で卵2個　マヨネーズ適量　マスタード適量　自然塩少々
粗びき黒こしょう少々　バター適量
<作り方>
❶ゆで卵はみじん切りにし、マヨネーズ、マスタード、自然塩、こしょうで味付けする
❷8枚切りの米粉パン2枚を軽くトーストし、バターを塗る
❸②に①をはさみ、クッキングシートで包む
❹しばらく馴染ませてから、クッキングシートごと半分にカットする

＊キャロット・ラペサンド＊
人参1本　レーズン大さじ2　自然塩小さじ1/4弱
A オリーブオイル大さじ1/2　はちみつ大さじ1/2　ワインビネガー大さじ1/2
黒こしょう適量
サラダ菜2枚　オーガニックハム2枚　マヨネーズ・バター各適量
<作り方>
❶人参は千切りにし、自然塩で塩もみをした後、水気をきり、Aで和える
❷8枚切りの米粉パン2枚を軽くトーストし、バターを塗る
❸②に①をはさみ、クッキングシートで包む
❹しばらく馴染ませてから、クッキングシートごと半分にカットする

＊厚焼き玉子サンド＊
卵3個　だし汁大さじ2　醤油小さじ1　きび砂糖小さじ1/2　自然塩少々
マヨネーズ適量
<作り方>
❶マヨネーズ以外の材料はよく混ぜ、厚焼き玉子を作る
❷8枚切りの米粉パン2枚を軽くトーストし、マヨネーズを塗る
❸②に①をはさみ、クッキングシートで包む
❹しばらく馴染ませてから、クッキングシートごと半分にカットする

❿ グルテンフリー米粉パン

朝食やおやつにぴったりのフレンチトーストを米粉で再現！ 卵液は甘さ控えめに、食べる直前にかけるメープルシロップやトッピングのアイスクリームで甘さを調整します。卵・乳製品アレルギーのある方は、無調整豆乳にきび砂糖を混ぜた液に浸して焼きましょう。甘すぎず、シンプルな味わいが楽しめますよ。

米粉パンのフレンチトースト

＜材料・・・2人分＞
グルテンフリー米粉角食パン（5枚切り）2枚
牛乳（無調整豆乳でも可）80g
きび砂糖 10g
卵 1個
有塩バター適量

＜作り方＞
❶米粉パンを4つにカットする
❷バットに牛乳、きび砂糖、卵を入れてよく混ぜ、①を1時間ほど浸す（途中で裏返す）
❸バターを熱したフライパンで両面をこんがりと焼く
❹器に盛り付け、フルーツやアイスクリーム、メープルシロップなどを添える

Chapter ⑪ 米粉の料理 part.1

「米粉をはじめて使うときは料理から」と言われるくらい、料理での米粉使いは失敗が少ないもの。中でも揚げ物は大得意！ 油の吸収率が低く、冷めると固くなる米粉の特徴は、カラッと揚げたい唐揚げなどにぴったりです。Part.1では比較的簡単に作れる米粉の料理を紹介するので、いろいろな料理に挑戦してくださいね。

1 米粉で作る揚げ衣は、小麦粉より薄めに！　小麦粉と同じ濃度で作ると、冷めたとき固くなり、食べづらくなります

2 衣は、食材に米粉をまぶしてから付けましょう。これをすることで揚げている最中も衣が外れにくく、カラッと揚がります

3 米粉と水を混ぜて作る揚げ衣は、米粉の重量で時間が経つと底に米粉が溜まります。ときどきよく混ぜ、衣を均一にしましょう。

4 シチューなど、米粉でとろみを付けるメニューは、水で溶いた水溶き米粉を使いましょう（米粉のみを入れると入れた部分だけが熱で糊化し、固まってしまいます）。

この章で使っているおすすめの米粉

波里
「お米の粉
お料理自の、薄力粉」

※ほかの米粉を使う場合は、水分量を少なめに調整して下さい

米粉で作る野菜のフリッターは、サクッと香ばしく、思わず箸が止まらなくなるほど。今回は衣に豆乳マヨネーズとベジ粉チーズを混ぜてコクを出していますが、一般的なマヨネーズや粉チーズでもＯＫ。使用する米粉に応じて水分の調整をし、薄めの衣で揚げるようにしましょう。

⓫ 米粉の料理 part.1

米粉の野菜フリッター　里芋＆ごぼう

＜材料・・・作りやすい量＞
里芋（または小芋）200〜300g　ごぼう1本
A 豆乳マヨネーズ大さじ3〜4　水60cc〜　ベジ粉チーズ大さじ2〜3
乾燥バジル適量
B 米粉大さじ5〜6　自然塩・粗びき黒こしょう各適量

＜作り方＞
❶里芋は皮をむいて塩もみした後、水洗いしてクッキングペーパーで水分をふき取る
❷ごぼうはきれいに洗って皮を削ぎ、2cm程度に切り、キッチンペーパーで水分をふき取る
❸Aの材料をすべて合わせてよく混ぜ、①、②を入れる
❹③に米粉をふり入れてよく混ぜ、自然塩、黒こしょうを適量加えてよく混ぜる（このとき、必ず水分の様子を見ながら米粉の量を調整しましょう）
❺160℃の油でこんがりとなるまで揚げる
❻竹串を刺し、中に火が通っていたら油をきり、器に盛る

＊ベジ粉チーズ＊

酒かす70g
製菓用米粉40g
アーモンドプードル10g
こめ油大さじ2
自然塩小さじ1
ガーリックパウダー1g

＜作り方＞
❶ボールにすべての材料を入れ、手でポロポロの状態になるまでよく混ぜる
❷フードプロセッサーを回して細かく切り刻む
❸クッキングシートを敷いた天板に2を薄く広げ、130℃に予熱したオーブンの下段で10〜15分焼成
❹オーブンから天板を出し、完全に冷めるまで置く
❺完全に冷めたら保存容器に入れ、冷蔵庫で保存。冷蔵庫で1か月保存できます

冷めるとペチャっとなる天ぷら。けれども米粉は、油の吸収率が低く、冷めると固くなる性質を持っているため、小麦粉よりもカラッと揚がります。揚げるときは、衣は薄めに。食材に米粉をまぶしてから揚げ衣にくぐらせるようにしましょう。名人のように、さっくりとした天ぷらに仕上がりますよ。

卵・乳製品フリー

米粉の衣で作る天ぷら
茄子＆しめじ＆いんげん＆さつま芋のかき揚げ

＜材料・・・4人分＞
小茄子 2 本
しめじ 1 パック
いんげん 1/2 袋

さつま芋 1/2 本
人参 1/4 本
春雨（乾燥）10 〜 20g

みょうが（輪切り）1 本分
大根おろし適量

米粉適量

＊揚げ衣＊
米粉 50g
水 90cc 〜（使用する米粉により調整する）

こめ油（揚げ油用） 適量

＜作り方＞
❶小茄子はへたの下に包丁を入れて切り込みを入れ、ガクをのぞき、茶筅になるように切る
❷しめじは小房に分ける
❸いんげんは両端を切り落とし、筋が固ければ取りのぞく
❹さつま芋と人参は細目の千切り、春雨は長ければさつま芋と人参と同程度に切り、合わせる
❺①〜④、それぞれに米粉適量をまぶす
❻揚げ衣に⑤をくぐらせ、180℃に熱したこめ油でカラリと揚げる
❼油をきり、器に盛り付け、みょうがや大根おろしを添える

⓫ 米粉の料理 part.1

鶏のから揚げも、米粉を使うとカラッと揚がります。冷めてもペチャっとしないので、お弁当にもピッタリ！　もも肉はもちろん、パサつきがちなむね肉も、塩こうじに漬けてから揚げるとふっくらジューシーに仕上がりますよ。

米粉で作る鶏のから揚げ

＜材料・・・作りやすい量＞
鶏もも肉 1 枚（またはむね肉）200g
塩こうじ小さじ 1
にんにく 1 片
生姜少々
みりん大さじ 1
しょうゆ大さじ 1 弱
米粉　適量
こめ油（揚げ油用）　適量

＜下準備＞
鶏肉は一口大に切り、塩こうじを全体にまぶし、冷蔵庫で一晩寝かせる

＜作り方＞
❶にんにく、生姜はすりおろし、みりん、しょうゆと合わせ、タレを作る
❷鶏肉は冷蔵庫から出し、②に 1 時間以上漬け込む
❸米粉をまぶし、180℃に熱したこめ油でカラッと揚げる
❹油をきり、器に盛りつけ、ミニトマトやパセリを添える

米粉とじゃが芋のすりおろしで、モッチリと食べ応えのあるチヂミに仕上げました。具材はシンプルにニラと人参のみ。いろんな具材で、オリジナルのチヂミを楽しんでくださいね。

もっちり食感のチヂミ

<材料・・・作りやすい量>
ニラ5～8本　人参1/3本　じゃがいも（小）2個　だし汁90cc～
製菓用米粉大さじ5～8（使用する米粉とじゃが芋の水分により調整してください）
自然塩小さじ1/2　こしょう少々　ガーリックパウダーひとふり　ごま油適量
＊チヂミのタレ＊
米酢小さじ1　しょうゆ大さじ1　すりごま少々

<作り方>
❶ニラは3cmくらいの長さに切り、人参は千切りにする
❷じゃが芋2個は皮をむき、おろし金ですりおろす
❸ボールに②、だし汁を加えて混ぜ、水分量を調整しながら米粉を大さじ1ずつ加え、よく混ぜる
❹③に①を入れ、さっくりと混ぜる
❺フライパンにごま油をひいて中火にし、④を適量入れて焼く。焼き色がついたら弱火にして裏返し、鍋肌から少量のごま油を入れ、表面に焼き色がつき、パリッとした感じになるまで生地を押さえながら焼く
❻食べやすい大きさに切り、器に盛り付け、タレを添える

⑪ 米粉の料理 part.1

米粉で作るお好み焼きは、米粉だけだとベチャっとしがち。そのため、山芋のすりおろしを加えてふんわり感を出しましょう。ベーキングパウダーを少量加えると、ふわっと仕上がります。また、市販のお好み焼きソースには小麦粉が含まれているものもあるので、小麦粉アレルギーがある方は注意しましょう。

米粉で作るお好み焼き

<材料・・・作りやすい量（約2枚分）>
キャベツ 1/4 玉
豚バラ肉 2 枚
製菓用米粉 150g
ベーキングパウダー　小さじ 1/5 弱（なくても OK）

濃いめのだし汁 1/2 カップ～
しょうゆ小さじ 1 弱
山芋すりおろし 15cm分

お好み焼きソース・豆乳マヨネーズ・青のり・かつおぶし各適量
ねぎ適量
こめ油適量

<作り方>
❶製菓用米粉、ベーキングパウダーは合わせる
❷キャベツは千切り、豚肉は半分に切る
❸ボールに濃いめのだし汁、しょうゆ、山芋のすりおろしを入れ、よく混ぜる
❹③に①を入れ、さっくりと混ぜる
❺④に②のキャベツを加えてさっくりと混ぜ、お好み焼きの生地を作る
❻フライパンに油をひき、⑤を流し入れ、生地の上に②の豚肉をのせる
❼蓋をし、弱めの中火で 5 ～ 7 分焼く。裏返して再び蓋をし、4 分焼く
❽器に盛り、お好み焼きソース、豆乳マヨネーズを塗り、青のり、かつおぶし、ねぎを散らす

クリームシチューも、米粉で簡単に作れます。さらに野菜を炒めたあと、カレー粉で味を調えればカレーに早変わり！ もう市販のルーは必要ないかも！？

小麦粉で作るとダマになったり、失敗がつきもののグラタン。けれども米粉なら、短時間でおいしいグラタンができます。仕上がりもあっさりとしているので、子どもからお年寄りまで楽しめます。寒い季節にたっぷり作って、熱々を召し上がれ！

米粉で作るクリームシチュー

<材料・・・4人分>
玉ねぎ・じゃが芋各1個　ごぼう1本
しめじ1パック　白菜2枚　人参1/4本　ブロッコリー1/4株※旬の野菜や好きな野菜など、何でもOK　こめ油・自然塩・こしょう各適量　白みそ小さじ1　製菓用米粉大さじ2〜（同量の水で溶く）　水400cc　無調整豆乳（牛乳でも可）200cc

<作り方>
❶玉ねぎは薄切り、ごぼうは1cm程度の乱切りにする。しめじは石づきをのぞいてほぐし、白菜は1cm程度の千切り、じゃが芋と人参は一口大に切る。
❷ブロッコリーは小房に分け、塩茹でし、水けをきる
❸鍋にこめ油を熱し、玉ねぎ、ごぼう、しめじ、白菜、じゃが芋、人参の順に、自然塩ひとつまみを加えながら炒める
❹③に水を加え、野菜が柔らかくなるまで煮る。白みそを溶き入れ、自然塩とこしょうで調味
❺④に無調整豆乳を入れ、水で溶いた米粉を加えてとろみを付ける。
❻器に盛り、2のブロッコリーを飾る

米粉で作る豆乳グラタン

<材料・・・4人分>
白菜3枚　玉ねぎ・じゃが芋1個
しめじ1パック　ブロッコリー1/4株　こめ油・自然塩・こしょう各適量　製菓用米粉大さじ2〜　無調整豆乳300cc〜
ベジ粉チーズ（レシピはP111を参照）適量
パセリ適量

<作り方>
❶白菜は食べやすい大きさに切り、じゃが芋、玉ねぎは厚さ2mmの薄切り、しめじは石づきをのぞいてほぐし、パセリは刻む。
❷ブロッコリーは小房に分け、さっとゆでる。
❸フライパンにこめ油をひいて熱し、玉ねぎ、しめじ、白菜、じゃが芋、ブロッコリーの順に炒める。野菜に火が通ったら、いったん火を止め、全体に製菓用米粉をまぶし、よく混ぜる
❹再び火をつけて弱火にし、無調整豆乳を少しずつ加え、沸騰しないように注意しながらとろみをつける
❺自然塩、こしょうを加えて味を調える
❻グラタン皿に盛り、ベジ粉チーズをふりかける
❼220℃に予熱したオーブンで15分焼成。トッピングにパセリをふる

Chapter ⑫ 米粉の料理 part.2

Part2で紹介する米粉の料理は、ちょっぴり難易度高め。作り方そのものは決して難しくありませんが、コツが必要です。けれどもこの章の料理をマスターすると、毎日の食事作りがとっても便利になります。使用する米粉によって、仕上がりにかなり差が出てくるので、はじめはレシピにある米粉で作りましょう。慣れてきたら、自分好みの食感を求めていろいろな米粉で作ってみてくださいね。

1 うどんも餃子もシュウマイの皮も、米粉 Only ではつなぎがないので作れません！ つなぎとなるスターチ系（片栗粉やタピオカ粉）、山芋のすりおろしなどの力を借りましょう

2 うどんは、使用する米粉と合わせる副材料により、食感がかなり変わってくるので注意しましょう

この章で使っているおすすめの米粉

熊本製粉
「パン用米粉 ミズホチカラ」

サラ秋田白神
「マイベイクフラワー」

米粉独特のモッチリとした皮がおいしい餃子。モッチリの秘密は、片栗粉で作るペーストです。本書で紹介するのは焼き餃子ですが、水餃子として茹でても耐えられる程度の皮に仕上げています。その日の気分で「焼き餃子」「水餃子」両方の味をお楽しみください。

⓬ 米粉の料理 part.2

米粉の皮のジューシー焼き餃子

＜材料・・・作りやすい量（約12個分）＞
＊餃子の皮＊
A パン用米粉 ミズホチカラ 60g　自然塩小さじ 1/8 弱
B 片栗粉 10g　水 50cc　きび砂糖 6g
こめ油 5g

＊餃子の具＊
鶏ひき肉 100g　キャベツ 80g　ニラ少々　生姜 1/4 かけ　自然塩小さじ 1/4 弱
こしょう少々　日本酒小さじ 1/2　しょうゆ小さじ 1/2
こめ油適量（餃子を焼く用）　水 100cc　ごま油大さじ 1

＜作り方＞
❶キャベツ、ニラはみじん切りにし、生姜はすりおろす。
❷ボールに①、鶏ひき肉、自然塩、こしょう、日本酒、しょうゆを加えてよく混ぜる
❸ボールにAの材料を入れ、よく混ぜる。
❹鍋にBの材料を入れ火にかけ、透明になって粘りが出てきたら、③に入れる
❺ゴムベラで混ぜ、手で触れるような熱さになったらよくこねる。こめ油を加え、さらにこね、12 等分にする
❻⑤に打ち粉をし、麺棒で薄く伸ばす
❼出来上がった皮に②を適量とり、包む
❽フライパンに油をひいて熱し、7 を並べて強火にする。水を加えて蓋をし、水分がなくなるまで蒸し焼きにする
❾水分がなくなったら蓋を開け、ごま油を回し入れ、香ばしく焼き上げる

卵・乳製品フリー

シュウマイらしい薄い皮に仕上げるため、山芋のすりおろしとタピオカ粉を使用しました。使用する米粉や山芋の水分で、あとから加える水分量が変わります。少しずつ様子を見ながら調整しましょう。米粉講座でも大人気の米粉シュウマイ。ぜひお試しください！

米粉のシュウマイ

<材料・・・15〜20個分>
＊皮＊
製菓用米粉 50g
山芋のすりおろし 30g
タピオカ粉 20g
水大さじ3〜

＊シュウマイの具＊
豚ひき肉 280g
玉ねぎのみじん切り 45g
自然塩小さじ1/2
日本酒大さじ1
しょうゆ大さじ1
きび砂糖小さじ1
こしょう少々
片栗粉大さじ1
ごま油小さじ1

<作り方>
❶シュウマイの具を作る
ボールに豚ひき肉、玉ねぎのみじん切り、自然塩を入れ、しっかり混ぜる。
❷日本酒、しょうゆ、きび砂糖、こしょう、片栗粉を①に加えてよく混ぜる。最後にごま油を加えてさらによく混ぜ、15〜20等分にする。
❷シュウマイの皮を作る
ボールに米粉、山芋のすりおろし、タピオカ粉を入れて混ぜる。生地の様子を見ながら水を加えてこね、15〜20等分に分ける
❸台に打ち粉をし、手（または麺棒）で薄く丸く伸ばす。具を包む面に片栗粉をまぶしておく
❹打ち粉をし、麺棒で薄く伸ばす
❺具を包んで成形し、クッキングシートを敷いたせいろ（または蒸し器）に並べ、強火で7〜12分蒸す

⓬ 米粉の料理 part.2

卵・乳製品フリー

本書で紹介するのは、讃岐うどんのようなコシのある米粉うどん。その食感を作り出すのは、使用する米粉「マイベイクフラワー」と副材料の片栗粉です。米粉うどんは、小麦粉から作るうどんのような手間はいりません。「食べたい！」と思ったら計量から完成まで、30分足らずでできる手軽さが魅力。温・冷、煮込みと季節に応じて、いろいろなうどんを楽しんでくださいね。

あっさり鶏だし梅若うどん

<材料・・・3人前>
＊米粉うどん＊
マイベイクフラワー 140g
片栗粉 60g
自然塩小さじ 1/4
熱湯 150g～
打ち粉（片栗粉やタピオカ粉） 適量

<作り方>
❶ボールにマイベイクフラワー、片栗粉、自然塩を入れてよく混ぜる
❷①に熱湯を加え、さい箸等で混ぜる。冷めたら手で滑らかになるまでこねる（耳たぶより少し柔らかい状態になるよう、水分は調整してください）
❸②を一つにまとめ、生地がほんのり温かい状態でまな板に打ち粉をし、麺棒で厚さ3mm程度に伸ばす
❹③を幅3mmに切り、切った麺を1本ずつほぐして打ち粉をする
❺鍋にたっぷりの水を沸騰させ、④を入れてさい箸でひと混ぜし、麺が浮き上がってくるまで1～2分ゆでる（このとき、菜箸で混ぜすぎないようにしましょう。混ぜすぎると麺が切れてしまいます）
❻ゆで上がったら素早く大量の水に放ち、流水でもみ洗いする

＊だし汁＊
鶏ささみ 2本
水 600cc
梅干しの種 2個
しょうゆ小さじ 1と1/2
日本酒小さじ 2
自然塩少々
梅干し 3個
カットわかめ適量
白ごま適量
ねぎ（小口切り）適量

<作り方>
❶鶏ささみに日本酒（分量外）をふる
❷鍋に水を入れて火にかけ、①をゆでる。アクを取り、ささみは火が通ったら取り出して冷まし、食べやすい大きさに手で割く
❸②に日本酒、梅干の種を加えて火にかけ、日本酒のアルコール分が飛んだらしょうゆ、自然塩で味を調える（最後に梅干をのせるため、塩分は控えめに）
❹うどんを器に入れて③をかけ、鶏ささみ、梅干し、白ごま、ねぎ、カットわかめをのせる

⓬ 米粉の料理 part.2

おわりに

"米粉の可能性"を多くの方々に知ってほしくて、米粉スイーツから料理まで、あれもこれも……。さらに卵・乳製品フリーレシピやありレシピまで、気がついたら 80超のレシピになっていました（笑）。

米粉って、一般的にはまだまだメジャーな食材ではありません。ですが、こんなにもおいしく、いろいろなスイーツやパン、料理が作れる材料ってあまりありません。毎日の食事やおやつの幅を広げるためにも、米粉のことを知っていただけたら嬉しく思います。

扱いが難しいと言われている米粉も、理論や基礎がしっかり理解できれば、小麦粉より扱いやすいんです。だって、最初は失敗続きだった私が、レシピを開発できるようになったのですから。だから、みなさんも恐れず米粉に挑戦してください。そして、もし失敗したら、本書を開いて原因を見つけ、改善してください。大丈夫！　きっとおいしいしい米粉のお料理が作れるはずです。

実は、ページの関係で、本書に書ききれなかったことがいっぱいあります。もっともっとお伝えしたいことがたくさんあります。私は、年間を通して、東京・大阪を中心に、各地で米粉講座を開催しています。米粉がどうしてもうまく扱えない、米粉をも

っと知りたい！　本書を読んでそう思ってくださった方は、ぜひ講座に遊びにいらしてください。一緒に作って、もっと米粉をメジャーな食材にしていきましょう！

最後に、本書を出版するにあたり、ご協力いただいたアシスタントのみなさま、カメラマン・スタイリングの田口誠幸・圭子ご夫妻、素敵な器を貸してくださった笠原窯の水野露堂さま、出版社のみなさま、いつも応援してくださっているみなさま。本当にありがとうございました。

栁田かおり

栁田かおり（Kaori Yanagida）

一般社団法人米粉コンシェルジュ協会代表理事
プリンシパル米粉コンシェルジュ
ゆるマクロ料理教室　なちゅらる♪　ベジキッチン♪♪主宰

東京都杉並区在住。
大学卒業後、営業・コンサルタント職として15年勤務。結婚を機に、家族や自分の健康維持、小麦・乳製品・卵アレルギーだった甥っ子のためのおやつ作りに目覚める。
各個人にあった、野菜たっぷり＆からだにやさしい料理やスイーツ作りを志し、「KUSHIマクロビオティック」でマクロビオティックを、「株式会社ホームメイドクッキング」で天然酵母パンを学ぶ。近年は、米粉の可能性を模索し、おいしくて手軽に作れる米粉スイーツや米粉パンのレシピ開発を手掛ける。
現在、東京・関西・名古屋のほか、各地で出張料理教室・米粉スイーツ・米粉パン講座を開催。これまでに約800名がレッスン・講座を受講。米粉の理論が学べ、失敗なくおいしい米粉スイーツやパンが焼けるようになったと好評を得ている。

ホームページ：https://komeko-ca.com
ブログ：https://ameblo.jp/natural-vegelife
Line@：ID　@kda2495d

撮影／田口誠幸（タグチスタジオ）URL http://www.taguchi-studio.co.jp/
スタイリング／田口圭子（タグチスタジオ）
うつわ・陶器協力／笠原窯（水野露堂）岐阜県多治見市笠原町 3177-2
撮影協力／ Duce mix Kitchen URL https://www.ducemixkitchen.com
調理アシスタント／米粉コンシェルジュ協会認定講師（エグゼクティブ米粉コンシェルジュ）
　　　　　　　　ことこと　三木卓代／ Holibie　頭師理恵／紅谷　祐佳里
アシスタント／石田里美　川瀬綾（阿山農園）

プロデュース／田中英子
編集　諸井和美
装幀　堀川さゆり

もう失敗しない！ 米粉の教科書

2018年10月29日　第 1 刷発行
2020年 7 月26日　第 3 刷発行

著者　　　栁田かおり
発行人　　松崎義行
発行　　　みらいパブリッシング
　　　東京都杉並区高円寺南 4-26-12 福丸ビル6F 〒166-0003
　　　TEL03-5913-8611　FAX03-5913-8011
　　　http://miraipub.jp/
発売　　星雲社（共同出版社・流通責任出版社）
　　　東京都文京区水道 1-3-30 〒112-0005
　　　TEL03-3868-3275　FAX03-3868-6588
印刷・製本　　株式会社上野印刷所

©Kaori Yanagida 2018 Printed in Japan
ISBN978-4-434-25304-1　C2077